인공지능 개론

인공지능 개론

발행일	2024년 4월 16일		
지은이	곽종호		
펴낸이	손형국		
펴낸곳	(주)북랩		
편집인	선일영	편집	김은수, 배진용, 김부경, 김다빈
디자인	이현수, 김민하, 임진형, 안유경	제작	박기성, 구성우, 이창영, 배상진
마케팅	김회란, 박진관		
출판등록	2004. 12. 1(제2012-000051호)		
주소	서울특별시 금천구 가산디지털 1로 168, 우림라이온스밸리 B동 B113~114호, C동 B101호		
홈페이지	www.book.co.kr		
전화번호	(02)2026-5777	팩스	(02)3159-9637

ISBN   979-11-7224-065-3 13000 (종이책)   979-11-7224-066-0 15000 (전자책)

(주)북랩 성공출판의 파트너

북랩 홈페이지와 패밀리 사이트에서 다양한 출판 솔루션을 만나 보세요!

홈페이지 book.co.kr   •   **블로그** blog.naver.com/essaybook   •   **출판문의** book@book.co.kr

작가 연락처 문의 ▸ ask.book.co.kr

작가 연락처는 개인정보이므로 북랩에서 알려드릴 수 없습니다.

디지털 전환을 위한 인공지능 입문서

인공지능 개론

곽종호 지음

ARTIFICIAL INTELLIGENCE

북랩

이 책은 처음 인공지능을 공부하는 분들이 궁금하게 생각하는 지식과 기초적인 기술을 담고 있습니다. 최근의 인공지능은 여러 부분에 적용되고 있어 방송이나 인터넷을 통하여 많은 분들이 접하고 있습니다. 그러나 막연히 인공지능에 대하여 거부감을 갖거나 혹은 인공지능에 대한 높은 기대치를 갖는 분들도 있습니다.

다양한 분야에서 인공지능을 통한 기술 혁신이 시도되고 있는 것은 분명합니다. 그리고 인공지능에 대한 올바른 이해가 여러분께서 추진하는 혁신을 완성하는 기반이 될 것입니다.

이 책은 인공지능으로 새로운 시도를 해 보려는 분들께 도움을 드리고자 하는 목적으로 정리했습니다. 특정 분야의 전문가로서 인공지능을 도입하여 자동화를 하려는 분, 기업과 연구소에서 갖고 있는 데이터를 기반으로 새로운 혁신을 준비하고 있는 분들께 기초적인 인공지능 지식과 기술을 예제를 중심으로 습득할 수 있도록 도움을 드리고자 합니다.

이 책에 수록한 약 30여 개의 예제는 일반 노트북에서 실행할 수 있습니다. 본문의 내용을 읽고 예제를 통하여 어떻게 인공지능으로 구현되는지 체험할 수 있을 것입니다.

책에 수록된 예제는 'https://github.com/jaeger98/Examples'에 접속하셔서 다운로드하여 사용하시기 바랍니다. 자연어 처리의 번역에 사용된 데이터 세트는 'https://github.com/jaeger98/datasets'에 있습니다.

읽으시는 분들이 인공지능을 통하여 새로운 혁신을 하는 데 이 책이 작은 도움이 되기를 기대합니다.

2024년 3월

곽종호 드림

차례

1장 ǀ 인공지능 개요

2장 | 기계학습

3장 | 딥러닝과 인공 신경망

4장 | 자연어 처리(Natural Language Processing)

5장 | 컴퓨터 비전

6장 | 대표적인 기계학습 라이브러리

예제 목록

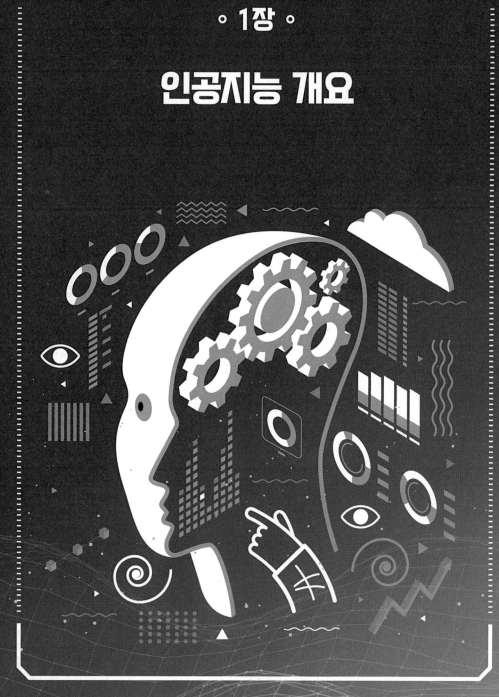

° 1장 °

인공지능 개요

1 인공지능 역사

1-1. 인공지능의 탄생

인공지능의 개념은 약 70여 년 전에 생겨나기 시작한 것으로 보는 것이 타당합니다. 제2차 세계대전 당시에 독일과 연합군이 치열한 전쟁을 벌이고 있을 때, 상대국의 정보를 사전에 파악하는 것은, 전쟁을 유리한 상황으로 바꿀 수 있는 중요한 일이었습니다.

이와 같은 이유로 전쟁 중에 적국의 통신을 감청하고, 이를 해독하는 일과 상대국이 쉽게 해독할 수 없도록 암호화하는 기능은 매우 중요했습니다.

영국의 천재 수학자 앨런 튜링이 등장합니다. 앨런은 당시 독일군의 정교한 통신 암호를 해석할 수 있는 기계를 만듭니다. '튜링 머신'이라고 이름 지어진 이 기계를 인공지능의 출발선으로 보고 있습니다.

인공지능은 데이터에 기반하여 학습한 내용을 토대로 예측 혹은 판단하는 것으로 정의할 수 있습니다. 앨런이 만든 기계의 동작 원리도 암호 해독을 위한 기본적인 내용을 학습하고, 이것을 중심으로 독일군의 정교한 암호 체계인 에니그마를 무력화하는 튜링 머신을 완성하였습니다.

튜링 머신을 현대 컴퓨터의 시작으로 보는 관점이 대부분이지만, 학습하고 판단할 수 있는 기계가 가능하다는 측면에서 인공지능의 출발로 보는 것도 합리적일 것입니다.

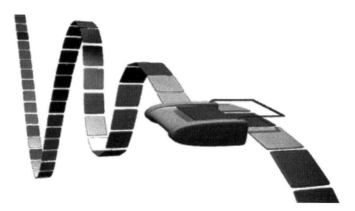

1.1 튜링 머신의 작동 방식을 묘사한 그림(출처: 위키피디아)

1-2. 인공지능의 발전

인공지능이란 용어는 1956년 다트머스 컨퍼런스에서 존 메카시란 분이 '인공지능'이란 용어를 사용한 논문(「Dartmouth Conference on Artificial Intelligence」)을 발표하면서 등장하였습니다. 이 논문에서 인공지능은 "기계를 통해 지능적인 행동을 구현하고자 하는 학문 분야"로 설명합니다. 문제 해결, 학습, 추론, 자율성 등을 포함하는 지능적인 작업에 대한 자동화를 목표로 하는 분야로 정의하였습니다.

존 메카시는 인공지능의 연구를 촉진하기 위해 기존의 사고와 자동 계산에 관한 연구와 협력할 것을 제안합니다. 다트머스 컨퍼런스는 이와 같은 협력과 의사소통을 도모하는 역할을 하게 됩니다.

1-2-1. 퍼셉트론

1950년대의 인공지능은 수학과 통계학에 기초한 논리 기반의 표현과 추론을 활용하는 인공지능 프로그램이 개발되고 활용되었습니다.

1957년 프랭크 로젠블라트(Frank Rosenblatt)는 「The Perceptron, A Perceiving and

Recognizing Automation」라는 제목의 논문에서 퍼셉트론을 제안합니다. 로젠블라트는 이 논문에서 퍼셉트론이란 기계학습의 초기 형태를 소개하였고, 단층의 인공 신경망 구조를 갖는 이진 분류기로 소개되었습니다. 그리고 퍼셉트론을 사용하여 패턴 인식 및 분류 문제를 해결하는 방법을 제시하였습니다.

프랭크 로젠블라트는 미국의 신경생물학자입니다. 퍼셉트론을 개발하여 연결주의 인공지능을 주장하였고, 기호주의 학자인 마빈 민스키와 경쟁하면서 인공지능 발전에 기여하게 됩니다.

신경생물학자의 연구 경험에서 생물학적 신경망 내에서 반복적인 신호가 발생할 때 신경 세포들이 그 신호를 기억하는 일종의 학습 효과를, 가중치를 이용하여 인공 신경망으로 구현한 것이 퍼셉트론입니다.

퍼셉트론 이론은 XOR와 같은 문제는 분류하지 못하는 치명적인 단점이 있으나, 원시적인 인공 신경망 이론에 '학습'이라는 개념을 추가한 당시에는 획기적인 이론이었습니다.

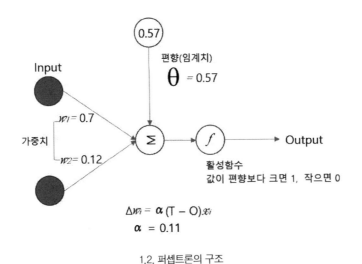

1.2. 퍼셉트론의 구조

1-2-2. 전문가 시스템(Expert System)

1980년대에는 많은 기업들이 컴퓨터를 도입하여 활용하기 시작하였고, 컴퓨터 성능이 향상됨에 따라 다량의 데이터들이 축적될 수 있는 환경이 마련되었습니다. 그래서 기업들은 시장에서의 경쟁 우위를 만들기 위하여 전문가들의 지식과 경험을 컴퓨터를 이용하여 구현하기 시작하였습니다. 특정 분야 전문가들의 지식을 형식을 갖춰 표현하고 기계가 이해할 수 있도록 하는 기술적인 발전을 하게 됩니다.

인공지능의 한 분야로 전문가 시스템이 주목을 받기 시작하면서 많은 인공지능 연구자들이 흥미를 갖고 연구를 진행하게 됩니다. 전문가 시스템의 연구가 활발히 진행되면서 인공지능 연구는 침체기에서 벗어나 부흥하게 됩니다. 전문가 시스템은 기업과 조직에 널리 도입되어 유용성이 입증되었고, 인공지능의 발전에 영향을 미쳤습니다.

전문가 시스템의 효과는 다음과 같이 정리할 수 있습니다.

의사 결정 지원: 특정 도메인에서 전문가 수준의 의사 결정을 지원하는 데 사용되었습니다. 의료, 금융, 기술 등 전문적인 지식을 필요로 하는 다양한 분야에 적용되어, 의사 결정을 개선하는 역할을 합니다.

지식 공유와 확산: 전문가들의 지식을 기록하고 공유함으로써, 조직 내에서 지식의 확산과 전파에 공헌하게 됩니다. 그리고 조직의 지식 관리와 효율성 향상에 기여하게 됩니다.

비용 절감과 생산성 향상: 반복적이고 규칙적인 작업을 자동화하여 비용을 절감하고 생산성을 향상시킬 수 있었습니다. 특히 인적 자원에 대한 의존을 줄이면서 높은 수준의 정확성과 일관성을 제공할 수 있었습니다.

비전문가의 역할 강화: 특정 분야의 전문 지식이 없는 사용자들도 해당 분야에서 효과적으로 작업할 수 있게 되었습니다.

전문가 시스템은 여러 가지의 장점이 있었으나, 초기 도입 비용과 시간이 너무 많이 소요되며, 시장과 기업 환경의 변화에 따른 지속적인 지식 관리의 어려움, 관리 비용의 증가 등으로 한계가 드러나게 됩니다.

1-2-3. 딥러닝

딥러닝은 기계학습의 한 분야입니다. 인공지능에서 활용한 기계학습은 수학과 통계학을 기반으로 발전하였으며, 딥러닝은 퍼셉트론을 연결하여 다층 구조를 갖게 함으로써 정교한 인공 신경망을 구현하였습니다.

다층 인공 신경망이 구현됨으로써, 복잡한 패턴을 학습할 수 있게 되었으며, 다량의 데이터에서 특징을 추출할 수 있게 되었습니다. 특히 대규모의 데이터 세트와 뛰어난 컴퓨팅 성능을 활용하여 성공적으로 발전하게 됩니다.

1990년대에는 역전파 알고리즘이 발전하게 되어, 인공지능을 위한 학습 능력이 크게 발전할 수 있었습니다. 하드웨어 기술이 발전함에 따라 GPU의 성능이 크게 향상되었고, 인공 신경망을 활용한 인공지능의 발전에 크게 기여하게 됩니다. 인공지능 학습을 위한 대규모 데이터 세트의 확보가 점점 쉬워져서 LeNet, AlexNet 등의 딥러닝 아키텍처가 등장하게 되고, 이미지 인식 대회를 통하여 인식 성능이 크게 개선되었습니

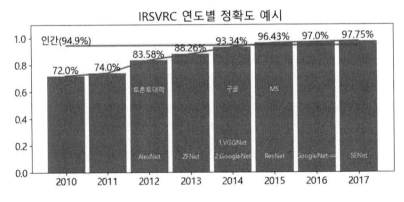

1.3. IRSVRC 연도별 정확도 예시

다. AlexNet은 딥러닝 기술을 활용하여 이미지넷 대회(IRSVRC-ImageNet Large Scale Visual Recognition Challenge)에서 압도적인 성능으로 우승하게 됩니다.

1-3. 인공지능의 트렌드

2022년 영국의 미래학자 버나드 미르는 향후 인공지능 트렌드를 5가지로 요약하였습니다.

AI의 지속적인 민주화:
필요한 것을 수행하는 앱이 없다면, 코딩 방법을 모르더라도 자신만의 앱을 만드는 것이 점점 더 간단해질 것임.

생성 AI:
알고리즘이 비디오, 이미지, 사운드 심지어 컴퓨터 코드와 같은 기존 데이터를 가져와 디지털이 아닌 세계에는 존재하지 않는 완전히 새로운 콘텐츠를 생성할 수 있을 것임.

윤리적이고 설명 가능한 AI:
더 윤리적이고 설명 가능한 AI 모델이 필수적이며, AI의 신뢰성을 높이는 노력이 필요함.

증강 현실과 결합되는 AI:
로봇과 스마트 기기와 인간이 더 밀접하게 일하게 될 것임.

지속 가능한 AI: AI 기술을 개발하고 활용하는 데에 에너지 효율적인 방식이 필요하게 될 것임.

인공지능은 더 다양한 분야에서 사용될 것이며, 자동화, 로봇 기술과 융합되어 큰 효과를 낼 수 있는 잠재력이 있습니다. 그리고 인공지능의 역할과 사용에 있어서 공정성과 윤리적인 측면이 더 강조되어야 잠재된 여러 가지 문제를 해결할 수 있을 것입니다. 그래서 인간 중심의 AI 개발이 강조되어 사용자의 경험과 편의성, 개인 정보 보호 등이 중요하게 처리되어야 합니다. AI 시스템과 사용자인 인간이 상호 작용 하는 데 있어서 자연스럽고 효과적인 방법이 개발되어야 할 것입니다.

아래 표는 산업별 인공지능의 연구 분야를 정리해 놓은 것입니다.

산업	연구 분야	설명
의료	질병 진단 및 예측	의료 영상 분석, 생체 신호 처리 등을 통해 질병을 진단하고 예측하는 인공지능
	개인 맞춤형 치료	환자 데이터를 기반으로 개인에 맞춤형 치료 방법을 제공
금융	자동화된 거래 및 투자	금융 거래 및 투자를 자동화하고 예측하는 인공지능 기술
	부정행위 탐지	금융 사기, 도난 등의 부정행위를 탐지하고 예방
	신용 평가 및 대출 결정	신용 평가 모델을 개선하고 대출 승인 결정 지원
제조	자동화 및 로봇화	제조 공정을 자동화하고 로봇을 활용하여 생산성 향상
	예측 유지 보수	센서 데이터 및 기계학습을 활용하여 기계 고장을 예측하고 예방
	품질 관리	제품 품질을 자동으로 감지하고 품질 관리 프로세스를 지원
교육	개인화 학습	학생의 학습 스타일에 맞추어 개인화된 학습 경험을 제공
	학습 분석	학생의 학습 데이터를 분석하여 학습 행동 및 성과 평가 후 개선 지원
	가상 강의 및 지능형 튜터링	가상 강의 플랫폼, 지능형 튜터링 시스템 제공
농업	작물 관리 및 예측	센서 데이터, 이미지 분석, 가상 데이터를 활용하여 작물 성장 모니터링, 출하 예측
	스마트팜	센서 네트워크, 자동화 시스템, 데이터 분석을 활용하여 생산성 향상,
	가축 관리	가축의 건강 상태, 사료 공급을 모니터링하고 최적화하는 기술

에너지	에너지 생산 및 관리	센터 데이터와 기계학습을 활용하여 생산량 최적화, 고장 예측
	에너지 효율 개선	에너지 사용 패턴을 분석하여 효율적인 에너지 사용 방안 제시
	스마트 그리드	전력 그리드 시스템에서 데이터 분석과 최적화를 활용, 수요예측, 흐름 제어 수행
운송	자율 주행	센서 데이터, 컴퓨터 비전, 강화학습을 활용하여 도로 상황인지, 주행 결정
	물류 및 창고 자동화	로봇과 인공지능 기술을 결합, 물류 창고 작업을 자동화, 인력 절감
	교통 흐름 최적화	교통 데이터, 신호 제어 시스템, 빅데이터 분석을 활용, 혼잡 예측, 효율적인 교통 흐름 제어

2 인공지능의 개념

인공지능은 기계가 스스로 판단할 수 있도록 학습이 완료되어 만들어진 소프트웨어(모델)입니다. 인공지능을 만들기 위해서 필요한 기술이 인공지능의 하위 개념으로, 기계학습(Machine Learning)이 있고, 기계학습의 한 분야로 신경망을 이용하는 기술인 딥러닝(Deep Learning)이 있습니다.

2-1. 인공지능(Artificial Intelligence)

인공지능은 인간이 학습하고, 추론하고, 의사 결정하는 방식을 모방하거나, 그것을 넘어서는 지능을 컴퓨터 등 기계적인 장치에 구현하려는 기술을 의미하기도 하고, 제작 과정을 거쳐서 완성된 소프트웨어를 의미합니다.

위키피디아에서 인공지능은 아래와 같이 정의되어 있습니다.

> 인공지능 또는 AI(Artificial Intelligence)는 인간의 학습 능력, 추론 능력, 지각 능력을 인공적으로 구현하려는 컴퓨터 과학의 세부 분야 중의 하나이다. 정보공학 분야에 있어 하나의 인프라 기술이기도 하다. 인간을 포함한 동물이 갖고 있는 지능, 즉 natural intelligence와는 다른 개념이다.
>
> 인간의 지능을 모방한 기능을 갖춘 컴퓨터 시스템이며, 인간의 지능을 기계 등에 인공적으로 구현한 것이다. 일반적으로 범용 컴퓨터에 적용한다고 가정한다. 이 용어는

또한 그와 같은 지능을 만들 수 있는 방법론이나 실현 가능성 등을 연구하는 과학 기술 분야를 지칭하기도 한다.

완성된 인공지능을 사용하는 곳은 주로 '지능형'이란 용어를 사용합니다. 예를 들어, 지능형 CCTV는 인공지능을 활용하여 CCTV에 포착되는 물체를 자동으로 구별하여 상황실 화면에서 확인할 수 있습니다. 최근의 무인 감시 카메라 시스템은 인공지능을 많이 활용하고 있습니다.

2-2. 기계학습(Machine Learning)

기계학습은 인공지능을 만들기 위한 방법론을 의미합니다. 기계학습이란 용어에서 이미 나와 있듯이 인공적인 지능을 만들기 위한 학습 과정입니다. 기계학습은 주로 수학과 통계학을 이용하여 발전하였습니다. 기계학습의 기초에는 통계학에서 다루는 회귀식을 이용하거나 평균, 표준 편차, 분산 등 통계적 개념을 가지고 기계학습의 성능을 평가하고 있습니다.

인간이 학습을 하려면 학습을 위한 책이나 선생님이 필요한 것처럼, 기계학습을 위해서는 데이터가 필요합니다. 주어진 데이터를 기반으로 학습을 진행합니다. 그래서 데이터가 갖고 있는 독특한 패턴을 구별하거나 데이터의 추세를 이해하는 것이 기계학습 과정입니다.

이런 학습 과정을 거쳐 인공지능이 만들어지면 입력 데이터와 학습한 데이터의 패턴이나 추세와 비교하여 추론을 하거나 예측을 하게 됩니다.

위키피디아에서 기계학습은 아래와 같이 정의되어 있습니다.

기계학습 또는 머신러닝(Machine Learning)은 경험을 통해 자동으로 개선하는 컴퓨터 알고리즘의 연구이다. 방대한 데이터를 분석해 '미래를 예측하는 기술'이자 인공지능의 한 분야로 간주된다. 참고로 딥러닝은 머신러닝의 일종이다. 컴퓨터가 학습할 수 있도록 하는 알고리즘과 기술을 개발하는 분야이다.

기계학습의 핵심은 표현(Representation)과 일반화(Generalization)이다. 표현이란 데이터의 평가이며, 일반화란 아직 알 수 없는 데이터에 대한 처리이다.

머신러닝에서 중요한 부분은 양질의 데이터를 충분히 확보하는 것입니다. 편향되거나 제한이 있는 데이터를 학습하여 만들어진 인공지능은 일반화될 수 없습니다. 데이터의 편향 문제는 종종 인공지능의 성능에 심각한 영향을 주게 됩니다. 데이터를 기반으로 학습하기 때문에 한번 만들어진 인공지능을 모든 경우에 사용하는 것은 어렵습니다.

최근에는 컴퓨팅 환경이 획기적으로 발전함에 따라 거대 인공지능 모델이 가능해졌습니다. LLM(Large Language Model)은 방대한 양의 언어 데이터를 학습하여 만든 범용적인 인공지능 모델입니다. chatGPT가 대표적인 사례입니다. chatGPT는 다양한 언어를 지원하여 사용자의 질문을 이해하고, 적절한 답변을 제공할 수 있습니다.

같은 머신러닝의 학습 방법을 사용했다 하더라도 사용되는 데이터가 다르면 전혀 다른 인공지능이 만들어지게 됩니다. 왜냐하면 인공지능의 능력은 학습에 사용되는 데이터로부터 만들어지기 때문입니다.

2-3. 딥러닝(Deep Learning)

딥러닝은 기계학습의 한 분야입니다. 그러나 수학적 통계학적 방법론을 사용하기 보다 인공 신경망 기술을 이용하여 학습을 하기 때문에 다른 기계학습 방법과 구별하여 사용합니다.

퍼셉트론이란 단층 신경망 구조가 발전하여 여러 개의 단층 신경망이 완벽히 연결된 형태인 다층 신경망을 이용하여 학습합니다.

위키피디아의 딥러닝에 대한 정의는 아래와 같습니다.

심층 학습 또는 딥러닝(Deep Learning)은 여러 비선형 변환 기법의 조합을 통해 높은 수준의 추상화(Abstractions, 다량의 데이터나 복잡한 자료들 속에서 핵심적인 내용 또는 기능을 요약하는 작업)를 시도하는 기계학습 알고리즘의 집합으로 정의되며, 큰 틀에서 사람의 사고방식을 컴퓨터에게 가르치는 기계학습의 한 분야라고 할 수 있다.

어떠한 데이터가 있을 때 이를 컴퓨터가 알아들을 수 있는 형태(이미지의 경우 픽셀 정보를 열벡터로 표현하는 등)로 표현(Representation)하고, 이를 학습에 적용하기 위해 많은 연구(어떻게 하면 더 좋은 표현 기법을 만들고 또 어떻게 이것들을 학습할 모델을 만들지에 대한)가 진행되고 있으며, 이러한 노력의 결과로 DNN(Deep Neural Network), CNN(Convolutional Neural Network)과 같은 다양한 기법들이 컴퓨터 비전, 음성 인식, 자연어 처리, 음성/신호 처리 등 최첨단 분야에 적용되고 있다.

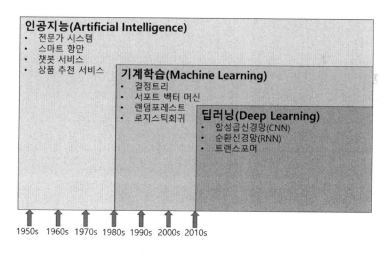

1.4 인공지능/기계학습/딥러닝의 관계

딥러닝은 인공지능을 구현하기 위한 최신 기술이며, 지속적으로 연구 및 발전되고 있습니다.

인공지능의 분류

3-1. 기술적 관점

규칙 기반(Rule Based AI):

IF-THEN과 같은 규칙에 기반하여 동작하는 시스템입니다. 대표적으로 전문가 시스템이 있으며, 규칙 기반 인공지능은 해당 분야(도메인) 전문가가 제공한 규칙 기반으로 추론을 수행합니다. 규칙은 "만약 조건 A가 발생하면 결과 B를 수행하라"와 같은 형태를 갖고 있습니다.

학습 기반(Learning Based AI):

데이터에서 패턴을 분류하여 학습하는 기계학습 방법을 이용하는 시스템입니다. 학습 기반 인공지능에는 지도학습(Supervised Learning), 비지도학습(Unsupervised Learning), 강화학습(Reinforcement Learning)과 같은 학습 방법을 이용합니다.

지도학습에서는 레이블된 데이터를 사용하여 훈련을 시키고, 비지도학습에서는 레이블이 없는 데이터에서 구조를 추출하여 훈련을 합니다. 강화학습은 환경과 상호 작용하여 보상이 최대화되는 정책을 학습합니다.

진화 기반(Evolutionary AI):

진화 알고리즘과 유전알고리즘 등 메타휴리스틱 기술을 사용하여 학습된 인공지능입니다. 생물학적 진화 원리에서 영감을 받아 최적화 문제를 해결합니다. 개체들 간의 유전자 변이와 선택을 통해 최적의 해결책을 찾아가는 방식으로 동작합니다.

예를 들어, 진화 기반 인공지능은 게임에 사용되는 캐릭터나 유닛의 행동을 개선하

는 데 사용될 수 있으며, 시뮬레이션을 통해 캐릭터가 더 효과적으로 게임을 진행할
수 있도록 학습할 수 있습니다.

3-2. 구현 방식에 따른 관점

기호주의(Symbolic AI):

기호주의는 인공지능 초기에 현상을 수학적 기호로 표현하여 처리하는 방식입니다.
기호와 규칙을 사용하여 지식을 표현하는데, 주로 IF-THEN 규칙과 같이 논리적 표현
으로 이루어지며, IF에 사용되는 조건이 수학적으로 표현된 지식입니다.

전문가 시스템을 만들 때 주로 사용됩니다. 해당 분야의 도메인 전문가의 지식과 경
험을 수학적인 기호로 표현하고, 규칙을 만들어 추론을 수행하고 결론을 도출합니다.
따라서 지식을 표현하고 저장하는 지식 베이스와 추론 엔진이 중요한 역할을 합니다.

기호주의는 추론과 결론에 도달하는 과정을 설명 가능하고, 이해하기 쉽습니다. 그
리고 규칙을 수정하거나 새로운 규칙을 추가하는 것이 상대적으로 쉽습니다.

연결주의(Connectionist AI):

연결주의는 뉴런 간의 연결과 가중치를 조절하여 지식을 표현합니다. 주로 인공 신
경망을 이용하는 인공지능 개발에 활용됩니다. 인공 신경망을 사용하는 딥러닝은 여
러 층의 뉴런과 각 연결마다의 가중치가 학습 데이터에 기반하여 조정되고 지식을 표
현하고 문제를 해결합니다.

연결주의는 기호주의와 달리 규칙과 지식보다 데이터로부터 특징을 학습하고, 패턴
을 인식합니다. 그래서 비선형적인 데이터를 학습하여 복잡한 상황에서의 의사 결정에
적합합니다.

연결주의는 블랙박스 모델이라고 합니다. 기호주의와 달리 학습 과정이나 추론 과정
을 설명하기는 매우 어렵기 때문입니다.

설명 가능한 인공지능(XAI, Explainable AI)을 개발하는 시도가 있으나, 연결주의를

이용하여 제작한 인공지능은 기호주의보다 설명 가능성, 해석 가능성 측면에서 어려움이 있습니다.

이외에 인공지능을 분류하는 관점은 다양합니다. 용도에 따라서 좁은 인공지능(Narrow AI)과 일반 인공지능(General AI)로 분류하는 관점과 인공지능의 수준에 따라서 약한 인공지능(Weak AI)과 강한 인공지능(Strong AI)으로 분류하기도 합니다.

컴퓨터 기술이 비약적으로 발전함에 따라 많은 인공지능이 특정 도메인에서 동작하는 약한 인공지능에서 다양한 도메인에 적용될 수 있는 일반적인 인공지능으로 발전할 수 있는 가능성이 보이고 있습니다. 결과적으로 미래에는 인간의 지능 수준을 뛰어넘는 강한 인공지능 시스템이 출현할 잠재력이 있습니다.

	기호주의	연결주의
	Symbolic AI/Classical AI	Connectionist AI/Neural Network AI
정의	기호와 규칙에 기반하여 추론과 문제 해결 수행	신경망과 같은 연결 구조를 기반으로 학습
모델링 방향	인간의 추론 및 논리적 사고	데이터에서 학습하고 의사 결정
개발 방법	해결하고자 하는 문제의 도메인을 사전 정의 지식 데이터베이스 구축 규칙 정의, 추론 엔진 정의	입력과 출력 사이의 가중치를 조정하여 문제 해결.
상용화	전문가 시스템	딥러닝과 같은 인공 신경망
장점	명시적 지식 표현에 적합- 도메인 지식을 표현하는 데 강점. 해석 가능성- 추론과 결정 과정을 명확하게 이해하고 해석 가능.	데이터에서의 패턴 인식- 대량의 데이터에서 복잡한 패턴을 인식하는 데 좋음. 확장성- 병렬 처리가 가능하여 대규모 데이터와 복잡한 문제에 적용 가능.
단점	지식 표현의 어려움- 복잡한 도메인에서의 지식 표현이 제한적. 불완전 정보 처리- 모든 상황을 예측하고 가능한 규칙을 작성하는 것이 불가능.	블랙박스 모델- 내부 동작의 이유를 설명하기 어려움, 낮은 해석 가능성. 대량의 데이터 요구- 학습하는 데 대량의 레이블이 지정된 데이터 필요. 학습하는 데 오랜 시간 필요.

4 인공지능 개발 환경

인공지능을 만들기 위해 필요한 기계학습은 많은 컴퓨팅 자원을 필요로 합니다. 따라서 개발에 필요한 하드웨어 환경과 소프트웨어 환경을 구현하는 것이 매우 중요하며, 환경을 구현하는 방식에 따라 비용이 다르게 발생합니다. 최근에는 오픈 소스 커뮤니티가 활성화되어 있고, 클라우드 서비스를 이용하여 쉽게 개발 환경을 구현할 수 있습니다.

클라우드 환경은 글로벌 대기업인 구글, 아마존, 마이크로 소프트 등이 인공지능에 필요한 환경을 고객의 주문에 따라 제공하고 있으며, 국내 기업으로는 네이버, KT, 카카오, 삼성SDS 등이 유사한 환경을 제공하고 있습니다. 클라우드 서비스를 이용하면 빠르게 개발 환경을 구축할 수 있고 초기 투자 비용이 적기 때문에 많은 스타트업들이 사용하고 있습니다. 컴퓨팅 자원의 사용량에 따라 월별로 비용이 발생하기 때문에 자원을 많이 사용하게 되면 재무적인 부담이 될 수 있습니다.

클라우드 환경에서 기업 내부 데이터를 이용하여 인공지능을 개발해야 한다면 기계학습에 필요한 내부 데이터를 클라우드 환경으로 옮겨야 할 필요가 있습니다. 민감한 데이터인 경우에 기업 외부로 반출하는 것이 어려울 수 있어서 기업에서 직접 환경을 구축해야 할 수 있습니다. 이와 같은 경우를 온 프레미스(On-Premise) 환경이라고 하며, 클라우드와 다른 방법으로 개발 환경을 구현하는 방식입니다.

온 프레미스 환경은 필요한 하드웨어와 개발에 필요한 소프트웨어를 직접 구매하여 설치하고 관리하는 방식입니다.

기계학습을 수행할 때 가장 중요한 역할을 하는 자원이 GPU입니다. 클라우드나 온 프레미스나 GPU를 사용할 수 있는 환경을 구현해야 대량의 데이터를 가지고 기계학습을 원활히 수행할 수 있습니다.

GPU(Graphic Processing Unit)는 주로 CAD/CAM 소프트웨어에서 3차원 데이터를 처리하여 화면에 표현해 주는 기법을 이용할 때 사용되었습니다. 정밀 기계를 컴퓨터로 설계할 때, 3차원 모델링을 하여 다양한 시각으로 화면에 표현하려면 CPU만으로는 부족하여 계산 전용의 프로세서가 별도로 필요했습니다. 이렇게 만들어진 GPU가 인공지능이 활성화되면서 기계학습에 적용되어 계산 전용의 프로세서로 중요한 역할을 하고 있습니다.

아래 그림에 CPU와 GPU의 차이점을 설명해 놓았습니다.

	CPU(Central Processing Unit)	GPU(Graphic Processing Unit)
설계 목적	범용적	그래픽 처리를 위한 특수 목적
용도	제어용	계산용
처리 방식	순차 처리	병렬 처리- 대량 연산에 특화됨
코어 개수	수개	수천 개
계산 속도	상대적으로 느림	상대적으로 빠른 속도로 처리
전력 소모	상대적으로 적음	상대적으로 많은 전력 소모
발열	적다	크다
구성도		

GPU를 병렬 처리에 활용하기 위해서는 병렬 프로그래밍을 지원하는 소프트웨어 라이브러리나 프레임워크가 필요합니다. 이런 소프트웨어들은 GPU의 병렬 아키텍처를 최대한 활용하여 데이터를 효율적으로 처리하고 성능을 극대화할 수 있게 해 줍니다.

GPU의 성능을 극대화할 수 있는 소프트웨어 라이브러리는 다음과 같은 종류가 있습니다.

- CUDA(Compute Unified Device Architecture) - NVIDIA
- OpenCL(Open Computing Language)
- ROCm(Radeon Open Compute - AMD
- Intel onAPI - Intel

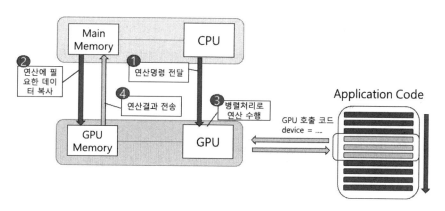

1.5 CPU/GPU 동작 과정

CPU와 GPU 간 데이터를 전달하고 연산하는 것은 〈그림 1.5〉와 같이 진행됩니다.

이와 같은 CPU와 GPU가 서로 다른 역할을 수행하기 때문에, 많은 연산 작업이 포함된 기계학습 프로그램이 신속하게 수행될 수 있습니다.

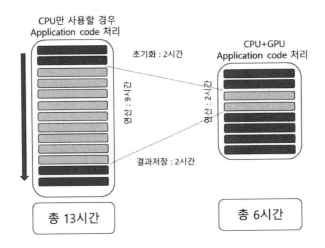

CPU만 사용할 경우
Application code 처리

초기화 : 2시간

연산 : 9시간

결과저장 : 2시간

CPU+GPU
Application code 처리

연산 : 2시간

총 13시간

총 6시간

1.6 CPU/GPU 연산 비교

〈그림 1.6〉과 같이 CPU를 이용하면 9시간 동안 연산을 해야 할 작업이 GPU의 병렬 컴퓨팅 방식을 이용하면 2시간에 끝날 수 있습니다. 전체적인 연산 시간이 13시간에서 6시간으로 줄어들어 생산성을 향상할 수 있습니다.

국내 스타트업들도 AI 반도체 시장에서 많은 활약을 하고 있습니다. HW GPU를 만드는 것은 잘하고 있으나, NVIDIA의 CUDA와 같은 병렬 처리를 위한 SW를 만드는 것에는 어려움이 있는 것으로 보입니다. 소프트웨어를 전공한 많은 인재들이 인공지능 SW를 만드는 것과 함께 인공지능에 꼭 필요한 GPU 하드웨어를 만드는 것에도 참여하여, 세계적인 반도체 HW 기술과 함께 SW 기술을 보유하면 좋을 것 같습니다.

∘ **2장** ∘

기계학습

① 기계학습 개요

기계학습은 컴퓨터 시스템이 데이터에서 학습하고 지능적인 결정을 내릴 수 있도록 훈련하는 인공지능의 한 분야입니다. 기계학습에서 가장 중요한 사항은 데이터로부터 학습하고 패턴을 인식한다는 것입니다. 데이터의 중요성이 가장 강조됩니다.

기계학습은 다음과 같은 일반적인 과정을 거쳐 인공지능을 구현합니다.

1) 데이터 수집:

기계학습에 사용되어 인공지능을 구현할 데이터를 수집하는 단계입니다. 데이터는 학습 모델이 문제를 해결하고 패턴을 학습하는 데 중요한 역할을 합니다.

2) 데이터 전처리:

수집된 데이터에서 불완전한 데이터를 가공하고 노이즈를 제거하여, 데이터를 기계 학습에 적용할 수 있는 형태로 가공하는 단계입니다.

3) 데이터 가공:

데이터에서 기계학습에 사용할 수 있는 학습용 데이터 세트를 만드는 과정입니다. 주로 기계학습에서 사용할 수 있는 입력 데이터를 정의하는 단계입니다. 지도 학습을 할 경우, 입력 컬럼과 예측하려는 컬럼을 라벨링하거나 이미지를 처리하는 경우는 이미지 라벨링 작업을 수행하게 됩니다. 학습을 위한 데이터 세트를 완성하는 단계이며, 향후 구현된 인공지능의 품질을 결정하는 중요한 단계입니다.

4) 학습 모델 선택:

기계학습에서 학습 모델이란 기계학습에 사용되는 알고리즘을 의미합니다. 선형회귀 모델, 로지스틱회귀 모델, 결정트리 모델 등 다양한 기계학습 모델이 있습니다. 데이터를 분석하여 인공지능을 구현하는 데에 가장 적합한 모델을 선택합니다.

5) 모델 학습:

선택한 학습 모델을 학습용 데이터를 이용하여 인공지능을 구현하는 단계입니다. 이 과정에서 개발자는 하이퍼 파라미터를 조정하여 구현될 인공지능의 속도, 정확도 등의 품질을 여러 번의 시행착오를 거쳐 개선하게 됩니다. 모델 학습 단계는 학습 모델을 데이터 세트로 학습을 시켜서 훈련된 모델을 만드는 과정입니다. 인공지능을 공부하게 되면 모델이란 용어가 학습 모델을 지칭하는 경우도 있고, 훈련된 모델을 지칭하는 경우가 있어서 상황에 따라 이해를 해야 합니다.

6) 훈련된 모델 평가:

학습용 데이터를 이용하여 학습하는 경우, 인공지능 품질을 개선하기 위하여, 데이터 세트를 학습용 데이터 세트와 평가용 데이터 세트로 구분하는 것이 일반적입니다. 학습용 데이터 세트로 학습과 평가를 함께 하는 경우, 과적합 등의 오류가 발생하여 일반화하기 어렵기 때문입니다. 모델 평가는 학습이 종료된 인공지능에 평가용 데이터를 이용하여 품질(속도, 정확도 등)을 평가하는 단계입니다. 사전에 정의된 평가 지표를 초과하는 경우, 기계학습이 종료됩니다. 평가 지표에 못 미치는 경우, 하이퍼 파라미터를 조정하거나 데이터 세트를 추가하거나 하는 등의 개선 과정을 거쳐 모델 학습부터 다시 실행하게 됩니다.

7) 예측 및 배포:

훈련이 완성되어 구현된 인공지능 프로그램을 실제 환경에 적용할 수 있도록 배포하고, 실제 환경에서 예측할 수 있도록 환경을 만들고, 애플리케이션과 연동하여 통합 활용 할 수 있도록 하는 단계입니다.

② 기계학습 과정

2-1. 데이터 수집

기계학습에 필요한 데이터를 직접 생성하거나 이미 보유하고 있는 조직이나 시스템 등으로부터 수집하여 원시 데이터를 확보하는 단계입니다. 원시 데이터는 IT 시스템에서 제공되는 정형 데이터와 다양한 수집 장비로부터 얻을 수 있는 비정형 데이터로 분류될 수 있습니다.

정형 데이터:

데이터베이스로부터 생성되거나, IT시스템으로부터 얻을 수 있는 고정된 컬럼에 저장되는 데이터를 의미합니다. 일반적인 것이 스프레드시트 데이터입니다. csv 파일이 가장 일반적인 정형 데이터의 형태입니다.

반정형 데이터:

데이터가 특정한 규칙에 의하여 작성된 파일 형태로 존재합니다. HTML 형식이나, 오픈 API에서 활용되는 XML, JSON, 기타 로그 형태로 제공됩니다.

비정형 데이터:

일정한 형식이 없거나, 데이터 자체가 형식인 상태로 생성됩니다. 음성, 이미지, 동영상 등이 비정형 데이터에 해당됩니다.

위와 같은 데이터의 형태에 따라 수집에 따른 난이도는 다음과 같은 순서로 나열됩니다.

정형 데이터:

내부 IT시스템에서 얻어지는 경우가 많아서 수집이 쉽고, 처리가 상대적으로 쉬운 편입니다.

반정형 데이터:

보통 API 형태로 제공되기 때문에 데이터를 처리하는 데에 해당되는 형태에 대한 기술이 필요합니다.

비정형 데이터:

수집된 원시 데이터를 정형 데이터나 기계학습에 이용할 수 있는 데이터 형태로 변환을 해야 하기 때문에 데이터의 구조와 필요한 부분을 추출할 수 있는 기술이 필요합니다.

따라서, 기계학습에 필요한 데이터를 수집하려면 아래와 같이 수집 계획을 수립하는 것이 좋습니다.

- 인공지능을 이용하여 해결하려는 문제를 정의합니다.
- 문제 해결에 가장 적합한 데이터를 선정하여, 수집 대상 데이터를 선발합니다.
- 데이터를 갖고 있는 부서와 기관을 파악하고, 데이터 수집 가능성에 대하여 협의합니다.
- 데이터의 유형을 분류하고 확인합니다.
- 수집 기술을 선정합니다.
- 수집 주기를 결정합니다.
- 수집 계획서를 작성합니다.
- 계획에 따라서 데이터를 수집합니다.

2-2. 데이터 전처리

데이터 전처리는 수집한 데이터를 분석하거나 모델링을 할 때, 더 적합한 형태로 변환하는 과정입니다. 데이터 전처리의 목적은 데이터의 품질을 향상시키고, 기계학습 모델이 더 잘 학습하고 일반화할 수 있도록 하는 데 있습니다. 데이터 전처리는 노이즈 제거, 결측치 처리, 스케일링 등의 단계를 포함합니다. 이용될 학습 방법에 따라서 특성을 추출하거나 차원을 축소하는 등의 단계가 추가될 수 있습니다. 좋은 데이터 전처리는 학습 모델의 성능을 향상시키고, 학습된 인공지능이 정확한 예측을 가능하게 합니다.

데이터 전처리는 기계학습 및 데이터 분석 작업에서 중요한 단계 중의 하나입니다. 데이터 전처리는 데이터의 품질을 향상시키고, 학습 모델의 성능을 향상시키는 데 결정적인 역할을 합니다. 데이터 전처리는 다음과 같은 목적으로 진행합니다.

데이터 품질 개선:
수집된 데이터는 노이즈, 결측치, 이상치 등이 포함될 수 있습니다. 전처리를 통해 불완전한 데이터의 문제점을 해결하고, 데이터의 품질을 개선할 수 있습니다. 정확하고 신뢰할 수 있는 데이터는 학습 모델이 올바르게 학습하고 일반화하는 데 중요하기 때문입니다.

특성 공학:
전처리 단계에서 적절한 특성을 추출하거나 생성하는 작업이 이루어집니다. 이는 학습 모델이 문제를 더 잘 이해하고 학습할 수 있도록 도와줍니다. 예를 들어, 텍스트 데이터에서 단어의 빈도수를 계산하거나, 이미지 데이터에서 특정 패턴을 추출하는 등이 특성 공학에 해당됩니다.

데이터 형식의 표준화:
다양한 소스에서 수집된 데이터는 형식이나 척도 등에서 차이가 발생하게 됩니다.

전처리를 통해 데이터의 형식을 표준화하고, 일관된 척도로 변환하여 학습 모델이 효과적으로 학습할 수 있게 해 줍니다.

학습 모델의 안정성 향상:

데이터 전처리를 통해 입력 데이터를 조절하고 정규화함으로써 학습 모델의 안정성을 향상시킬 수 있습니다. 이것은 알고리즘에 따라 입력해야 하는 범위나 데이터 형식이 다를 수 있는데, 전처리를 통하여 이와 같은 조건을 맞출 수 있습니다.

과적합 방지:

불필요한 정보나 노이즈를 제거함으로써 학습 모델이 훈련 데이터에 과도하게 적응되는 것을 방지할 수 있습니다. 이는 학습된 모델의 일반화 성능을 향상시키는 데 도움이 됩니다. 과적합이란 학습용 데이터에서는 높은 정확도를 나타내지만, 실제 환경에서는 정확도가 떨어지는 상황을 의미합니다. 특정 데이터에서만 높은 성능을 보이며, 다른 데이터에서는 정확도가 낮은 상태를 의미하며, 일반화되지 않아서 실제 환경에서 사용할 수 없는 인공지능입니다.

데이터 전처리에 이용되는 일반적인 방법은 다음과 같습니다.

2-2-1. 데이터 정제(Data Cleaning)

2-2-1-1. 이상치 처리

이상치(outliers)는 대부분의 경우 오류이거나 부정확한 데이터일 수 있습니다. 평균값, 중앙값, 최빈값 또는 특정 백분위 수로 대체하거나 이상치를 삭제하여 데이터를 정제합니다.

2-2-1-2. 결측치 저리

결측치(Missing Values)는 비어 있는 값입니다. 평균, 중앙값, 최빈값으로 대체하거나 주변 데이터를 기반으로 값을 예측하여 채워 넣을 수 있습니다.

2-2-2. 데이터 변환(Data Transformation)

2-2-2-1. 스케일링

변수 간의 단위가 서로 다르게 되면, 시각화를 하거나 학습 및 예측하는 데에 어려움이 발생할 수 있습니다. 이러한 잠재적인 문제를 예방하기 위해 변수 간의 차이를 줄이기 위해서 스케일을 조정합니다. 주로 표준화(Standardization) 또는 정규화(Normalization)를 사용합니다. 표준화는 값의 평균을 0, 분산을 1로 만드는 방식입니다. 값의 특성을 정규 분포를 갖도록 변환하는 것입니다. 정규화는 값들을 모두 0과 1 사이의 값으로 변환하는 방식입니다. 각각의 방식은 대부분 사용하는 기계학습 모델에서 호출하여 사용할 수 있습니다.

2-2-2-2. 로그 변환

데이터가 한쪽에 치우쳐 있을 때, 로그 변환을 통해 분포를 보다 정규 분포에 가깝게 만들 수 있습니다. 로그(log)의 역할은 큰 수를 같은 비율의 작은 수로 바꿔 주는 것입니다. 정규성을 높여서 분석에 필요한 정확한 값을 얻기 위해 사용합니다.

2-2-3. 특성 엔지니어링(Feature Engineering)

2-2-3-1. 원핫 인코딩

범주형 변수를 이진형 변수로 변환하여 모델에 적용 가능하도록 만듭니다. 복잡한 데이터를 그대로 사용하지 않고, 컴퓨터가 처리하기 쉽게 숫자로 변형하는 방식을 의미합니다. 이렇게 하면 데이터 처리에 필요한 메모리 양이 줄어들고, 빠르게 처리할 수 있기 때문입니다. 예를 들면, "아파트"는 [1,0,0,0], "빌라"는 [0,1,0,0]으로 변환하여 사용하는 것입니다.

2-2-3-2. 다항식 특성 추가

변수들 간의 상호 작용을 고려하여 새로운 특성을 추가합니다.

2-2-3-3. 텍스트 또는 이미지 데이터의 임베딩

텍스트나 이미지 데이터를 수치형 벡터로 변환하여 학습 모델에 입력 가능하게 만듭니다.

2-2-4. 데이터 축소(Data Reduction)

2-2-4-1. 차원 축소

변수의 수를 줄이기 위해 주성분 분석(PCA)이나 t-SNE와 같은 차원 축소 기술을 사용합니다. 차원은 테이블형 데이터에서 컬럼을 의미합니다. 차원이 많을수록 학습하는 데 자원과 시간이 많이 소요됩니다. 그래서 원본을 가장 잘 표현하는 차원(컬럼)을 추출하여 변수의 수를 줄이고, 이렇게 만들어진 데이터를 이용하여 학습을 진행하면 더 빠르게 학습할 수 있으며, 정확도를 유지할 수 있습니다.

2-2-4-2. 샘플링

대규모 데이터 세트의 크기를 줄이기 위해 무작위로 샘플을 추출하거나 다운 샘플링, 업 샘플링을 수행합니다.

2-2-5. 데이터 인코딩(Data Encoding)

2-2-5-1. 라벨 인코딩

범주형 변수를 정수로 매핑하여 모델에 입력 가능하도록 만듭니다. 범주형 변수가 학습에 중요한 역할을 하는 경우에 활용할 수 있습니다.

2-2-5-2. 원핫 인코딩

앞서 설명한 것과 같이 범주형 변수를 이진 형태로 변환하여 각 범주를 독립적인 열로 표현하여 사용합니다. 라벨 인코딩은 범주형 변수를 단순히 정수로 변환하는 것이고, 원핫 인코딩의 이진수로 표현하는 것이 다른 부분입니다.

2-2-6. 시계열 데이터 전처리

2-2-6-1. 이동 평균(Moving Average)

시계열 데이터의 경우 변동성이 크기 때문에, 단순 평균이 변수의 특성을 대표하지 못하는 경우가 많습니다. 따라서 일정한 개수를 정하여 이동 평균을 계산하여 변동성을 완화하여 예측의 정확도를 높일 수 있습니다.

2-2-6-2. 시계열 분해

계절성과 추세를 제거하여 데이터의 특징을 더 잘 이해하여 예측을 수행하도록 합니다.

데이터 전처리 방식은 데이터의 특성에 따라 선택하고 조정되어야 합니다. 어떤 방식이 데이터의 특성을 더 잘 표현할 수 있는지는 무엇을 예측할 것인가와 데이터의 상태에 따라 달라질 수 있으며, 2개 이상의 전처리 방식을 사용할 수 있습니다.

2-3. 데이터 가공

데이터 가공 단계는 전처리가 완료된 데이터에, 기계학습을 위한 추가 작업을 하는 과정입니다. 정형 데이터의 경우는 데이터 전처리를 하는 과정에서 이미 가공이 완료되는 경우도 있습니다.

좁은 의미로 데이터 전처리와 데이터 가공을 정의하자면, 데이터 전처리는 결측치 처리 등 데이터를 정제하는 것에 중점을 두고, 데이터 가공은 기계학습에 이용될 데이터로 변환하는 것에 중점을 둔다고 이해하는 것이 좋을 것 같습니다.

넓은 의미로 두 개념을 다룬다면, 데이터 가공에 데이터 전처리가 포함되어야 할 것 같습니다. 데이터 전처리는 학습 모델이 사용할 수 있도록 데이터를 준비하는 과정이고, 데이터 가공은 데이터의 수집, 정리, 변화, 통합 등의 데이터를 다루는 모든 단계를 의미합니다.

데이터 가공은 주로 비정형 데이터(언어 모델이나 이미지, 음성 등)를 학습할 수 있는 데이터 세트를 만드는 데 꼭 필요한 단계입니다. 그래서 주로 데이터 가공은 라벨링하는 작업이 대부분이고, 많은 시간과 노력이 필요한 과정입니다.

2-3-1. 라벨링(Annotation)

데이터 라벨링은 주어진 데이터에 대해 정답이나 범주를 할당하는 과정입니다. 각각의 데이터 포인트에 어떤 의미 있는 태그(Tagging) 또는 라벨(Labeling)을 부여하는 것입니다. 라벨링은 주로 지도학습(Supervised Learning)에서 사용됩니다. 지도학습 모델이 입력 데이터와 해당 출력(라벨) 간의 관계를 학습하는 방식이기 때문입니다.

라벨링에는 클래스라는 용어를 사용합니다. 해당 데이터 라벨의 이름을 '클래스'라고 합니다. 예를 들어 강아지 이미지와 고양이 이미지를 분류하는 기계학습을 한다면, 강아지 이미지에 'Dog'이라는 라벨을 부여하고, 고양이 이미지에 'Cat'이라는 라벨을 부여하게 됩니다. Dog, Cat과 같은 이름을 클래스라고 분류합니다. 두 개의 이미지를 분류한다면 클래스가 2개이고, 3가지의 이미지를 분류한다면 클래스가 3개입니다. Dog, Cat과 같은 라벨을 부여하는 작업을 라벨링이라고 합니다.

2-3-1-1. 라벨의 종류
- 이진 분류: 두 가지 클래스 중 하나를 선택하는 경우
- 다중 분류: 둘 이상의 클래스 중 하나를 선택하는 경우

2-3-1-2. 라벨링의 방법
수동 라벨링:

사람이 직접 데이터에 라벨을 부여하는 방법입니다. 이 방법은 주로 작은 규모의 데이터 세트나, 특수한 경우에 사용됩니다.

자동 라벨링:

라벨을 자동으로 부여하는 방식입니다. 비지도학습 방법을 라벨링에 적용하여, 지도

학습으로 성능을 향상시키려는 목적으로 활용됩니다. 예를 들어 비지도학습의 방식 중 하나인 군집 알고리즘을 사용하여 비슷한 패턴을 갖는 데이터를 같은 그룹으로 묶어 자동으로 라벨을 지정할 수 있습니다.

반자동 방식으로는 데이터의 일부를 수동 라벨링으로 작업하고, 수동 라벨링된 데이터를 기반으로 한 학습 모델을 만들어 나머지 데이터를 자동 라벨링을 하는 방식으로 적용할 수 있습니다.

아래 그림은 이미지를 입력하면 고양이와 강아지를 분류하는 학습 모델을 만들기 위하여 라벨링을 수행한 예제입니다. 이미지 라벨링을 위해서, 특별히 제작된 라벨링 도구를 이용하여 Dog, Cat과 같은 라벨을 지정해 주는 라벨링 작업을 수동으로 수행해야 합니다.

2.1 이미지 데이터의 라벨링 예시

TEXT	Label
"This email is not spam"	0
"Click here to claim prize"	1
"Meeting at 2PM in the conference room"	0
"You've won a free vacation"	1

2.2 스팸 메일 분류를 위한 라벨링/태깅 예시

데이터 가공을 위한 라벨링 작업은 향후 인공지능의 성능을 결정하는 매우 중요한 단계입니다. 데이터의 형태나 구현하려고 하는 인공지능의 용도에 따라 다양한 라벨링 방법이 있습니다. 이미지 내에서 특정한 물체를 탐지하려는 목적으로 인공지능을 구현하려면, 바운딩 박스 혹은 폴리곤 방법으로 라벨링을 수행합니다. 자율 주행을 위한 도로 내의 물체를 탐지하려면 차량 등은 바운딩 박스로, 차선이나 가드레일과 같은 것은 폴리라인으로 라벨링을 수행합니다. 최근에는 3차원 라벨링도 가능하여, 보다 정교한 자율 주행 인공지능을 구현할 수 있도록 발전하고 있습니다.

2-4. 학습 모델 선택과 훈련

기계학습에 이용되는 학습 모델은 다양하며, 대부분이 오픈 소스로 제공되어 별도의 비용이 없어도 쉽게 사용할 수 있습니다. 학습 모델을 사용하려면 프로그램 언어를 사용해야 하며, API(Application Program Interface) 형태로 제공되어 해당되는 기능을 호출하여 사용합니다. 인공지능 개발을 위한 프로그래밍 언어는 주로 파이썬을 사용합니다. 파이썬은 인터넷에서 쉽게 다운로드하여 이용할 수 있으며, '아나콘다'라는 앱을 설치하여 활용할 수 있습니다.

학습 모델의 종류: 기계학습 모델은 다양한 기능과 작업에 따라 분류할 수 있습니다. 우선 정답을 라벨링을 한 후에, 학습을 시키는 지도학습과 라벨링 없이 학습을 시키는 비지도 학습으로 분류할 수 있습니다. 이 두가지를 동시에 활용하는 것을 준지도 학습이라고 하고, 에이전트가 환경과 상호작용하면서 특정 작업에서 보상을 최대화할 수 있도록 학습하는 것을 강화학습이라고 합니다. 인공지능을 만드는 데 가장 많이 사용되는 지도학습, 비지도학습, 강화학습에 관하여 설명해 보겠습니다.

2-4-1. 지도학습

지도학습은 출력할 데이터(레이블, 정답)를 정의하여 입력 데이터와 함께 학습 데이터로 활용하여 학습을 시키는 것입니다. 가장 일반적인 기계학습 방식입니다. 입력 데이터와 출력 데이터(레이블) 사이의 관계를 학습한 후, 예측을 수행하게 됩니다. 지도학습에 이용되는 대표적인 학습 모델은 다음과 같습니다.

2-4-1-1. 선형회귀(Linear Regression)

입력 변수와 출력 변수 간의 선형 관계를 분석/학습하는 알고리즘입니다. 주로 테이블 형식의 데이터 사이의 선형 관계를 분석하여 예측을 수행합니다. 가장 간단한 방법으로 엑셀 등에서도 쉽게 사용할 수 있습니다.

아래는 선형회귀 학습 모델을 사용하는 예제입니다. 파이썬으로 만들었습니다.

예제에서는 'Scikit_learn'이라는 인공지능 라이브러리에서 제공하는 'LinearRegression'이라는 학습 모델을 이용하였습니다.

학습용 데이터를 만들기 위해, 임의의 숫자를 각각 14개 만들었습니다.

임의로 만든 데이터를 시각화하여 그래프로 만들었습니다.

그리고 데이터를 훈련용과 시험용으로 나누었습니다. 과적합을 예방하기 위해 데이터를 훈련용은 훈련할 때만 사용하고, 시험용은 학습된 모델을 시험할 때만 사용합니다.

선형회귀 학습 모델인 LinearRegression을 호출하고, 학습을 시킵니다.

학습된 결과를 회귀식으로 표현할 수 있습니다.

예제에서의 회귀식은 'y = "기울기" * X + 절편'이고, 결과값을 대입하면 '3.67194929 * X - 33.93819334'입니다. 이 회귀식을 그래프로 시각화한 것입니다. 점은 원본 데이터이고, 직선이 학습된 회귀식입니다.

R값은 보통 0~1 사이의 값을 갖는데, 1에 가까울수록 회귀모델의 적합도가 높다고 평가합니다. 회귀모델을 적용한 인공지능의 정확도로 판단할 수 있습니다.

이 예제에서는 R값이 0.846 정도 나오니 정확도가 높지는 않지만, 정확도를 높이려면 더 많은 양의 데이터를 활용해야 합니다.

MSE(Mean Squared Error)는 예측된 값과 실제 값과의 차이를 제곱한 다음 평균을 낸 것입니다. 오차이기 때문에 작을수록 정확도가 높다고 할 수 있습니다.

```
# 필요한 라이브러리 임포트
import numpy as np
import matplotlib.pyplot as plt
from sklearn.model_selection import train_test_split
from sklearn.linear_model import LinearRegression
from sklearn.metrics import mean_squared_error


# 임의의 데이터 생성
X = [[29],[26],[34],[31],[25],[29],[32],[31],[24],[33],[25],[31],[26],[30]]
y = [[77],[62],[93],[84],[59],[64],[80],[76],[58],[91],[51],[73],[65],[84]]
# 데이터 시각화
plt.scatter(X, y)
plt.xlabel('X')
plt.ylabel('y')
plt.title('Generated Data')
plt.show()


# 데이터를 훈련 세트와 테스트 세트로 나누기
X_train, X_test, y_train, y_test = train_test_split(X, y, test_size=0.2,
random_state=42)


# 선형회귀 모델 만들기 및 훈련
model = LinearRegression()
model.fit(X_train, y_train)


#훈련된 회귀식 정리
```

```python
print("절편",model.intercept_)   #편향(절편)
print("기울기",model.coef_)        #기울기
print("R값",model.score(X, y))   # R값 점수


plt.plot(X_train, y_train, 'o')
plt.plot(X_train,model.predict(X_train))
plt.title('Linear Regression Trained') # 학습된 회귀선
plt.show()


# 훈련된 모델로 예측
y_pred = model.predict(X_test)


# 테스트 세트의 성능 평가
mse = mean_squared_error(y_test, y_pred)
print(f'Mean Squared Error on Test Set: {mse}')


# 훈련된 선형회귀 선 시각화
plt.scatter(X_test, y_test)
plt.plot(X_test, y_pred, color='red', linewidth=3)
plt.xlabel('X')
plt.ylabel('y')
plt.title('Linear Regression Prediction')
plt.show()
```

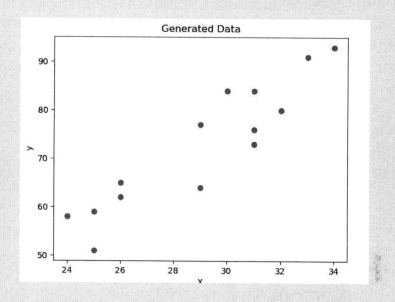

기울기 [[3.67194929]] 절편 [−33.93819334]　R값　0.8464059878737807

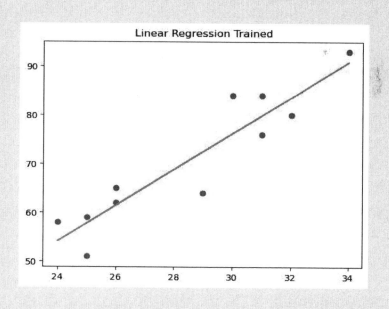

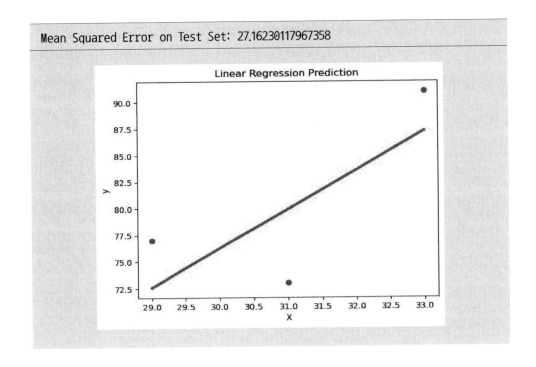

2-4-1-2. 로지스틱 회귀(Logistic Regression)

로지스틱 회귀는 출력값이 0 또는 1이거나, 0~1 사이의 값으로 확률을 표현하는 알고리즘입니다. 기계학습에서 사용되는 로지스틱 함수는 주로 이항 분류 문제를 다루고 있습니다. 이항 분류란 주어진 입력값에 대해서 0 혹은 1을 출력한다는 의미입니다.

컴퓨터는 내부적으로 이진수로 모든 작업을 수행하기 때문에, 이진 분류는 다양한 기계학습 분야에 사용될 수 있습니다. 앞서 설명한 퍼셉트론의 활성화 함수도 이진 분류 함수를 사용하고 있습니다.

보여 드릴 예제는 Scikit_Learn에서 제공하는 유방암 데이터 세트를 이용하여 입력 데이터에서 암의 여부를 확인하기 위하여 로지스틱 회귀를 이용하는 기계학습을 보여 드립니다.

앞서 설명한 선형회귀과 유사한 과정으로 진행하며, 로지스틱 회귀 학습 모델인 LogisticRegression을 호출합니다. 그리고 정확도를 출력하고 컨퓨전 매트릭스를 출력합니다. 컨퓨전 매트릭스는 정확도를 계산할 때 사용하는 것으로, 출력값이 참인 것과

거짓인 것을 분류하여 보여 주는 것입니다. 예제에서 컨퓨전 매트릭스는

[[37 6]

[4 67]]

로 출력되었습니다. 37는 암을 암으로 분류한 것, 67는 암이 아닌데 암이 아닌 것으로 분류한 것, 6은 암인데 암이 아닌 것으로 분류, 4는 암이 아닌데 암으로 분류한 것입니다.

정확도는 104/114 = 0.91228070175 로 계산된 것입니다.

---

2. 로지스틱 회귀 예제

```
# 필요한 라이브러리 임포트
import numpy as np
import matplotlib.pyplot as plt
from sklearn.datasets import load_breast_cancer
from sklearn.model_selection import train_test_split
from sklearn.linear_model import LogisticRegression
from sklearn.metrics import accuracy_score, confusion_matrix


# 유방암 데이터 로드
cancer = load_breast_cancer()
X = cancer.data[:, :2]  # 데이터의 일부만 사용 (2개의 특성만 사용)
y = cancer.target


# 데이터 시각화
plt.scatter(X[:, 0], X[:, 1], c=y, cmap=plt.cm.Paired, edgecolors='k')
plt.xlabel('Mean Radius')
plt.ylabel('Mean Texture')
plt.title('Breast Cancer Binary Classification')
```

```
plt.show()


# 훈련 세트와 테스트 세트로 나누기
X_train, X_test, y_train, y_test = train_test_split(X, y, test_size=0.2,
random_state=42)


# 로지스틱 회귀 모델 생성 및 훈련
model = LogisticRegression()
model.fit(X_train, y_train)


# 테스트 세트로 예측
y_pred = model.predict(X_test)


# 정확도 및 혼동 행렬 출력
accuracy = accuracy_score(y_test, y_pred)
conf_matrix = confusion_matrix(y_test, y_pred)

print(f'Accuracy: {accuracy}')
print('Confusion Matrix:')
print(conf_matrix)


# 결정 경계 시각화
x_min, x_max = X[:, 0].min() - 1, X[:, 0].max() + 1
y_min, y_max = X[:, 1].min() - 1, X[:, 1].max() + 1
xx, yy = np.meshgrid(np.arange(x_min, x_max, 0.01), np.arange(y_min, y_max,
0.01))
Z = model.predict(np.c_[xx.ravel(), yy.ravel()])
Z = Z.reshape(xx.shape)
```

```
plt.contourf(xx, yy, Z, cmap=plt.cm.Paired, alpha=0.8)

plt.scatter(X[:, 0], X[:, 1], c=y, cmap=plt.cm.Paired, edgecolors='k')

plt.xlabel('Mean Radius')

plt.ylabel('Mean Texture')

plt.title('Logistic Regression Decision Boundary')

plt.show()
```

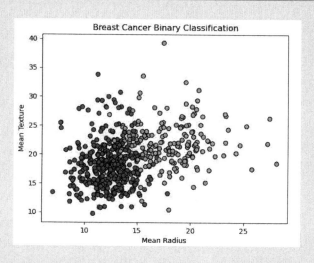

Accuracy: 0.9122807017543859

Confusion Matrix:

[[37 6]

 [4 67]]

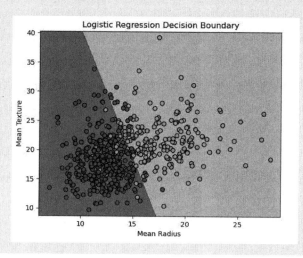

2-4-1-3. 결정트리(Decision Tree)

결정트리는 의사 결정을 하는 과정과 결과를 트리 구조를 활용하여 나타낼 수 있는 기계학습 알고리즘입니다. 특성(Feature)을 기반으로 데이터를 분할하여 최종적으로 분류 또는 회귀 결과를 제공합니다.

아래 예제는 날씨에 따라서 골프를 치는지의 여부를 의사 결정트리로 학습하는 과정과 결과를 시각화한 것입니다. 날씨, 온도, 바람 3가지의 입력 데이터에 따라 골프를 치는지의 여부를 데이터로 정리하여 사용하였습니다. 날씨에는 '맑음, 흐림. 비 옴'으로 3가지 클래스가 있고, 온도는 '더움, 보통, 시원함'으로 3가지, 바람은 '약풍, 강풍'으로 2가지 클래스를 갖고 있습니다.

시각화 자료에서 볼 수 있는 의사 결정트리의 gini 계수는 데이터의 불순도를 나타내는 지표입니다. 데이터들이 균일하게 잘 섞여 있을 때는 gini 계수가 높고, 단일 데이터로 되어 있는 경우 gini 계수는 0에 가깝습니다. gini 계수가 낮을수록 분류가 잘된 데이터라고 판단하게 됩니다.

아래 예제에서 첫 번째 Outlook_overcast의 gini 계수가 0.459로 계산되었습니다. 이 계산은 전체 샘플 수와 값으로 계산합니다.

$$1 - (5/14)^2 - (9/14)^2$$
$$= 1 - 25/196 - 81/196$$
$$= 90 / 196$$
$$= 0.4591836$$ 이 됩니다.

서로 다른 데이터가 섞여 있음을 보여 줍니다. 분류 결과는 'Yes, 골프를 친다'입니다.

날씨가 흐림(Outlook_Overcast)에 해당되는 데이터는 14개가 있고, 14개 중에 4개는 골프를 치는 것으로 분류(Class = Yes, gini = 0.0)되고, gini 계수가 0인 것을 보면, 4개 데이터 모두 골프를 친 것으로 학습되었습니다.

14개 중에 10개는 서로 다른 class가 반씩 섞여 있음을 gini 계수 0.5로 파악할 수 있습니다. 데이터 10개는 다시 8개와 2개로 분류되고, 2개로 분류된 것은 골프를 안 치는 것으로 분류하였습니다. 여기 2개를 보면, 날씨가 흐리고 기온이 높은 경우는 골프를 치지 않았습니다.

이와 같은 과정으로 날씨가 흐리고, 기온이 높으며, 바람이 약한 경우는 데이터 수가 8개 있으며, 이 중에 비가 온 날에 골프를 친 경우는 3번, 골프를 치지 않은 경우가 5번 있습니다. 비가 왔을 때 골프를 친 경우가 1번, 치지 않은 경우가 2번입니다.

비가 온 날 골프를 친 경우가 5번 중에 3번이었고, 2번은 기온이 시원했을 때, 골프를 친 경우와 치지 않은 경우가 각각 1번씩 있었습니다. 덥거나 비가 오는 날은 골프 치기에 좋지 않은 날씨인 것 같습니다.

3. 의사 결정트리 예제

```python
# 필요한 라이브러리 임포트
from sklearn.tree import DecisionTreeClassifier, export_text
import pandas as pd
from sklearn.tree import export_graphviz
from sklearn.tree import plot_tree
import matplotlib.pyplot as plt
import graphviz


# 날씨 데이터 생성
data = {
    'Outlook': ['Sunny', 'Sunny', 'Overcast', 'Rain', 'Rain', 'Rain',
'Overcast', 'Sunny', 'Sunny', 'Rain', 'Sunny', 'Overcast', 'Overcast',
'Rain'],
    'Temperature': ['Hot', 'Hot', 'Hot', 'Mild', 'Cool', 'Cool',
'Cool', 'Mild', 'Cool', 'Mild', 'Mild', 'Mild', 'Hot', 'Mild'],
    'Wind': ['Weak', 'Strong', 'Weak', 'Weak', 'Weak', 'Strong',
'Strong', 'Weak', 'Weak', 'Weak', 'Strong', 'Strong', 'Weak',
'Strong'],
```

```
    'Play Golf': ['No', 'No', 'Yes', 'Yes', 'Yes', 'No', 'Yes', 'No',
'Yes', 'Yes', 'Yes', 'Yes', 'Yes', 'No']
}

df = pd.DataFrame(data)

# 특성과 레이블 분리
X = df.drop('Play Golf', axis=1)
y = df['Play Golf']

# 범주형 데이터를 숫자로 변환 (원-핫 인코딩)
X_encoded = pd.get_dummies(X)

# 결정트리 모델 생성 및 훈련
model = DecisionTreeClassifier()
model.fit(X_encoded, y)

# 결정트리 시각화
plt.figure(figsize=(12, 8))
plot_tree(model, filled=True, feature_names=list(X_encoded.columns), class_
names=['No', 'Yes'], rounded=True)
plt.show()
```

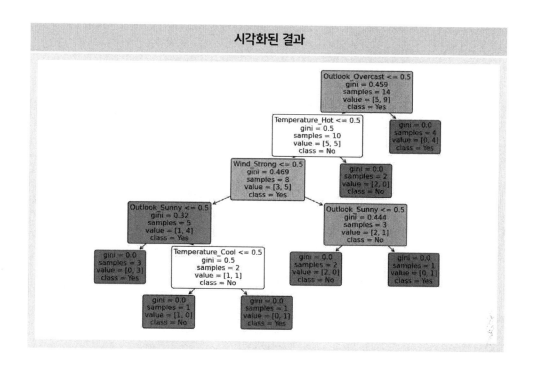

2-4-1-4. 랜덤 포레스트

랜덤 포레스트는 결정트리를 독립적으로 여러 개 사용하여 각각의 결정 트리가 출력한 예측값을 평균을 내거나, 다수결로 최종 예측을 수행하는 알고리즘입니다. 이런 방법을 '앙상블 기법'이라고 합니다. 랜덤 포레스트는 과적합을 줄이고 안정적으로 예측할 수 있는 강력한 학습 모델 중의 하나입니다.

랜덤 포레스트의 작동 방식은,
- 다수의 결정트리 생성:
- 랜덤한 특성 선택: 데이터의 특성을 무작위로 선택하여 사용
- 독립적인 학습 트리: 각 결정트리는 독립적으로 학습하고 예측하며, 한 트리의 오류가 다른 트리에 영향을 미치지 않습니다.
- 평균 혹은 다수결: 다수의 트리가 생성한 예측 중에 가장 많이 선택된 클래스를 최종 예측으로 출력합니다.

아래 기술한 예제는 Scikit_Learn에서 제공하는 숫자 10개(0~9)의 손글씨를 숫자 데이터 세트를 사용한 것입니다. 아래와 같은 이미지 데이터를 훈련에 사용할 수 있도록 제공합니다.

랜덤 포레스트 개념도

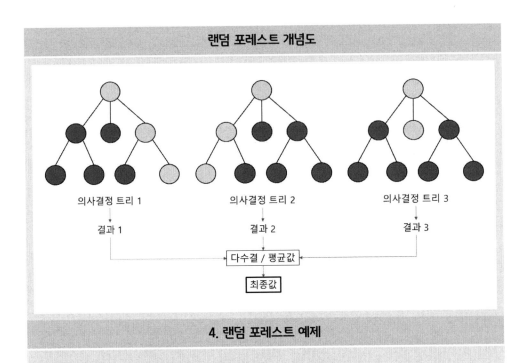

4. 랜덤 포레스트 예제

```
# 필요한 라이브러리 임포트
from sklearn.datasets import load_digits
from sklearn.model_selection import train_test_split
from sklearn.ensemble import RandomForestClassifier
from sklearn.metrics import accuracy_score, confusion_matrix

# 숫자 데이터 세트 로드
digits = load_digits()
X = digits.data
y = digits.target
```

```python
# 훈련 데이터 이미지 예시
import matplotlib.pyplot as plt

plt.gray()
plt.matshow(digits.images[0])
plt.matshow(digits.images[1])
plt.matshow(digits.images[2])
plt.matshow(digits.images[3])
plt.show()


# 훈련 세트와 테스트 세트로 나누기
X_train, X_test, y_train, y_test = train_test_split(X, y, test_size=0.2,
random_state=42)


# 랜덤포레스트 모델 생성 및 훈련
model = RandomForestClassifier(n_estimators=100, random_state=42)
model.fit(X_train, y_train)


# 테스트 세트로 예측
y_pred = model.predict(X_test)


# 정확도 및 혼동 행렬 출력
accuracy = accuracy_score(y_test, y_pred)
conf_matrix = confusion_matrix(y_test, y_pred)


print(f'Accuracy: {accuracy}')
print('Confusion Matrix:')
print(conf_matrix)
```

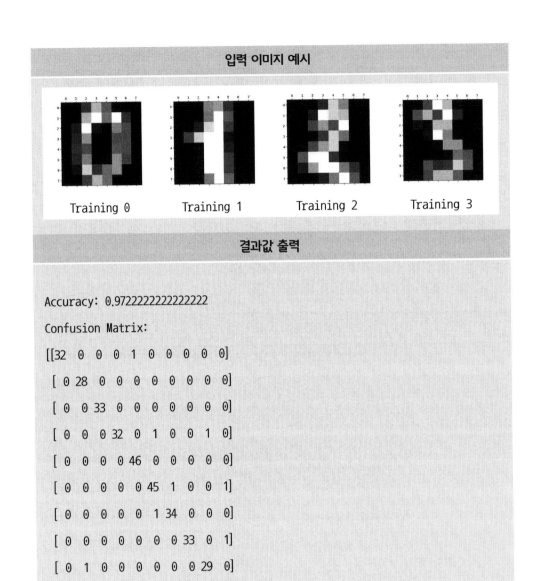

입력 이미지 예시

Training 0   Training 1   Training 2   Training 3

결과값 출력

Accuracy: 0.9722222222222222

Confusion Matrix:

```
[[32  0  0  0  1  0  0  0  0  0]
 [ 0 28  0  0  0  0  0  0  0  0]
 [ 0  0 33  0  0  0  0  0  0  0]
 [ 0  0  0 32  0  1  0  0  1  0]
 [ 0  0  0  0 46  0  0  0  0  0]
 [ 0  0  0  0  0 45  1  0  0  1]
 [ 0  0  0  0  0  1 34  0  0  0]
 [ 0  0  0  0  0  0  0 33  0  1]
 [ 0  1  0  0  0  0  0  0 29  0]
 [ 0  0  0  0  0  1  0  1  0 38]]
```

2-4-1-5. KNN(K-nearest Neighbor)

'K-최근접 이웃'이라고 번역할 수 있지만, KNN으로 부르는 것이 편리합니다. KNN은 주어진 데이터 입력값의 주변에 가장 가까이 있는 K개의 이웃(주변) 데이터값을 확인하여 분류 또는 회귀를 수행하는 알고리즘입니다. 분류 문제는 다수결로 결정하고, 회귀 문제는 평균을 통해 예측하게 됩니다.

분류 문제의 경우는 주어진 데이터 입력값에 대해서 K개의 가장 가까운 이웃을 찾고, 찾은 이웃 데이터의 클래스가 더 많은 쪽으로 예측을 수행합니다. 회귀 문제의 경우는 찾은 이웃들의 평균을 예측값으로 출력합니다.

KNN은 이해하기 쉽고 간단한 원리로 동작하며, 데이터의 분포에 크게 영향을 받기 때문에 이상치나 노이즈에 민감하게 동작합니다. 예측 시에 데이터 값들 간의 거리를 매번 계산해야 하기 때문에 많은 자원을 사용하게 됩니다. 그리고 가장 중요한 하이퍼 파라메터인 K값을 적절히 선택해야 합니다. 분류 문제의 경우, K값은 홀수로 지정해야 다수결로 결정할 수 있게 되어, 보통 K값은 3 이상의 홀수로 지정하게 됩니다.

기계학습에서 하이퍼 파라메터란 용어를 자주 접하게 되는데, 하이퍼 파라메터는 기계학습 모델을 사용하면서, 개발자/사용자가 지정해 줘야 하는 파라메터값을 의미합니다. KNN에서는 K값, 신경망에서는 가중치 등이 대표적인 하이퍼 파라메터입니다.

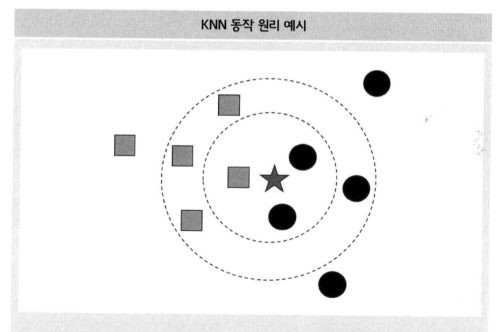

KNN 동작 원리 예시

붉은 별이 분류하기 위한 입력값입니다. K값이 3이면 작은 원이고, K값이 7이면 큰 원에 해당됩니다. K값이 3인 경우 붉은 별은 검은색으로 분류됩니다. K값이 7이면 녹색으로 분류됩니다.

```python
import numpy as np
import matplotlib.pyplot as plt
from sklearn.neighbors import KNeighborsClassifier


# 두 종류의 물체 데이터 생성
np.random.seed(42)
# 물체 A: (무게, 길이) - 무게는 30부터 70까지, 길이는 10부터 40까지
A_weight = np.random.uniform(30, 70, 100)
A_length = np.random.uniform(10, 40, 100)
A_data = np.column_stack((A_weight, A_length))
A_labels = np.zeros(100)   # 물체 A는 라벨 0


# 물체 B: (무게, 길이) - 무게는 60부터 100까지, 길이는 20부터 50까지
B_weight = np.random.uniform(60, 100, 100)
B_length = np.random.uniform(20, 50, 100)
B_data = np.column_stack((B_weight, B_length))
B_labels = np.ones(100)   # 물체 B는 라벨 1


# 전체 데이터 세트 생성
X = np.concatenate((A_data, B_data), axis=0)
y = np.concatenate((A_labels, B_labels))


# KNN 모델 생성 및 훈련
knn_model = KNeighborsClassifier(n_neighbors=5)
knn_model.fit(X, y)
```

```python
# 분류 결과를 시각화
plt.figure(figsize=(10, 6))


# 물체 A의 데이터 시각화
plt.scatter(A_weight, A_length, label='Object A', color='blue', alpha=0.7)


# 물체 B의 데이터 시각화
plt.scatter(B_weight, B_length, label='Object B', color='orange', alpha=0.7)


# 새로운 물체의 데이터 생성
new_object = np.array([[65, 35]])  # 무게 65 길이 35인 물체


# 새로운 물체를 모델에 입력하여 예측
prediction = knn_model.predict(new_object)

# 예측 결과 시각화
plt.scatter(new_object[:, 0], new_object[:, 1], label=f'New Object
(Predicted: {int(prediction)})', color='red', marker='x', s=100)


plt.xlabel('Weight')
plt.ylabel('Length')
plt.title('KNN Classification Example')
plt.legend()
plt.show()
```

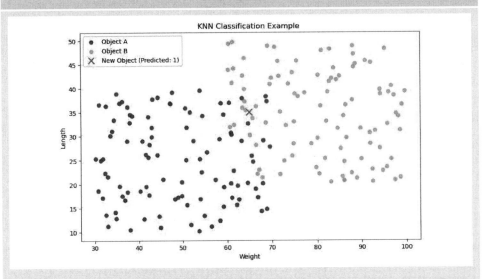

위 KNN을 이용한 예제에서 K값은 5로 지정하였습니다. 파란색이 데이터 A, 노란색이 데이터 B입니다. 새로운 입력 값인 무게 65, 길이 35인 물제가 A인지, B인지를 분류하는 KNN 학습 모델입니다.

그래프에 표시된 것과 같이 가까운 주변 5개가 모두 노란색임으로 물체 B로 분류되고, 예측값은 1로 출력됩니다(A는 0, B는 1로 출력함).

2-4-1-6. 서포트 벡터 머신(Support Vector Machine)

서포트 벡터 머신은 분류와 회귀 문제에 사용되는 지도학습 알고리즘입니다. 주어진 데이터를 고차원 특징 공간으로 매핑하고, 데이터를 분리하는 초평면(Decision Boundary)을 계산합니다. 데이터를 분리하는 결정 경계를 만드는 데에 중요한 역할을 하며, 결정 경계와 가장 가까이 위치한 데이터 값들을 서포트 벡터라고 합니다.

결정 경계를 계산하는 데는 가능한 클래스 간의 마진(넓이, 크기)을 크게 만드는 결정 경계를 찾습니다.

서포트 벡터 머신을 사용하려면, 사용하려는 데이터에 따라 적합한 커널(선형, 다항식, RBF 등)을 선택하고, 비용 변수인 C값을 지정합니다. C값은 오분류에 대한 페널티를 조절하는 변수로 학습 모델의 편향과 분산 사이의 균형을 조절합니다.

사용할 수 있는 커널의 종류는 아래와 같습니다.

선형 커널(Linear Kernel):

평면적인 결정 경계를 찾을 때 사용되며, 데이터가 선형적으로 구분될 수 있는 경우에 적합합니다.

다항식 커널(Polynomial Kernel):

다항식으로 매핑하여 비선형 결정 경계를 찾을 때 사용됩니다. 선형 결정 경계로는 해결하기 어려운 비선형 문제에 적합합니다.

가우시안 레이더 커널(RBF Kernel):

무한 차원으로 매핑하여 복잡한 비선형 결정 경계를 찾을 때 사용됩니다. 비선형 문제나 결정 경계가 복잡한 데이터를 처리할 때 적합합니다.

시그모이드 커널(Sigmoid Kernel):

시그모이드 함수를 이용하여 비선형 결정 경계를 찾을 때 사용되며, 시그모이드 함수를 통해서 비선형적인 패턴을 찾을 수 있는 경우에 적합합니다.

커널의 선택은 주어진 데이터의 형태와 특성에 따라 적절히 선택해야 하며, 어떤 커널이 가장 적합한지는 교차 검증과 같은 방법으로 튜닝을 해야 합니다. RBF 커널이 많은 경우 효과적이며, 선형 커널은 피처 수가 많거나 선형적인 결정 경계로 데이터를 나눌 때 적합합니다.

비용 함수와 관련된 C값은 잘못 분류한 경우에 주어지는 페널티값입니다. C값이 크면 학습 모델은 훈련 데이터에 더 많이 적합하려고 하며, C값이 작을수록 편향을 허용하면서 일반적인 결정 경계를 찾으려고 합니다. 이런 특성을 이용하여 C값을 입력해야 합니다.

C값이 큰 경우라면 학습 모델은 결정 경계를 가능한 정확하게 찾으려고 노력하며, 훈련 데이터에 매우 적합한 모델이 생성됩니다. 단점으로는 이로 인하여 과적합이 발생할 수 있으며, 일반화 성능이 저하될 수 있습니다.

C값이 작은 경우라면 결정 경계를 가능한 단순하게 유지하려고 합니다. 결과적으로 훈련된 모델의 정확도가 다소 떨어질 수 있습니다. 그러나 일반화 성능은 상대적으로 높게 나올 수 있습니다. 모델이 노이즈나 이상치에 덜 민감하게 반응할 가능성이 있기 때문입니다.

C값이나 커널의 종류는 약간의 시행착오를 거쳐서 데이터에 적합한 것을 찾으려는 노력이 필요합니다.

6. 서포트 벡터 머신 예제

```python
import numpy as np
import matplotlib.pyplot as plt
from sklearn import svm
from sklearn.model_selection import train_test_split
from sklearn.metrics import accuracy_score

# 무작위 데이터 생성을 위한 시드 설정
np.random.seed(42)

# 두 가지 클래스의 데이터 생성
# Class 0: (무게, 길이) - 무게는 30부터 70까지, 길이는 10부터 40까지
```

```python
class_0_weight = np.random.uniform(30, 70, 100)
class_0_length = np.random.uniform(10, 40, 100)

# Class 1: (무게, 길이) - 무게는 60부터 100까지, 길이는 20부터 50까지
class_1_weight = np.random.uniform(60, 100, 100)
class_1_length = np.random.uniform(20, 50, 100)

# 전체 데이터 세트 생성
X = np.concatenate([np.column_stack((class_0_weight, class_0_length)),
                    np.column_stack((class_1_weight, class_1_length))])

# 클래스 라벨 생성
y = np.concatenate([np.zeros(100), np.ones(100)])

# 훈련 데이터와 테스트 데이터로 나누기
X_train, X_test, y_train, y_test = train_test_split(X, y, test_size=0.2,
random_state=42)

# SVM 모델 생성 및 훈련
svm_model = svm.SVC(kernel='linear', C=0.005)
svm_model.fit(X_train, y_train)

# 테스트 데이터로 예측
y_pred = svm_model.predict(X_test)

# 정확도 출력
accuracy = accuracy_score(y_test, y_pred)
print(f'Accuracy: {accuracy}')
```

```python
# 서포트 벡터와 결정 경계 시각화
plt.scatter(class_0_weight, class_0_length, label='Class 0', c='blue',
marker='o')
plt.scatter(class_1_weight, class_1_length, label='Class 1', c='orange',
marker='x')

plt.scatter(X_test[0,0], X_test[0,1], c = 'red', marker='^') # X_Test의 값 출
력, 붉은색
print(X_test[0],"-->", y_pred[0])

# 서포트 벡터 표시
plt.scatter(svm_model.support_vectors_[:, 0], svm_model.support_vectors_[:,
1], s=100, facecolors='none', edgecolors='k', marker='s', label='Support
Vectors')

# 결정 경계 시각화
ax = plt.gca()
xlim = ax.get_xlim()
ylim = ax.get_ylim()

# 결정 경계 생성
xx, yy = np.meshgrid(np.linspace(xlim[0], xlim[1], 50), np.linspace(ylim[0],
ylim[1], 50))
Z = svm_model.decision_function(np.c_[xx.ravel(), yy.ravel()])
Z = Z.reshape(xx.shape)

# 결정 경계 및 마진 시각화
plt.contour(xx, yy, Z, colors='k', levels=[-1, 0, 1], alpha=0.5,
```

```
linestyles=['--', '-', '--'])

plt.xlabel('Weight')
plt.ylabel('Length')
plt.title('SVM Classification Example')
plt.legend()
plt.show()
```

Accuracy: 0.975

[49.75182385 20.47628724] --> 0.0

정확도는 97.5%이고, 테스트 데이터의 좌표(49.75, 20.47)은 클래스 0번으로 분류하였습니다. 아래 그림의 붉은색이 테스트 데이터 좌표로, 파란색으로 분류되는 것이 정확합니다.

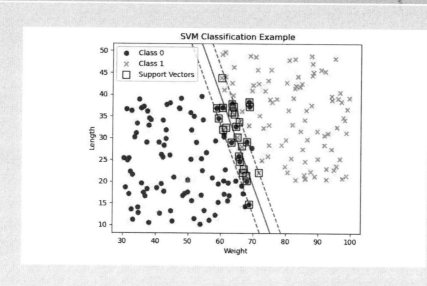

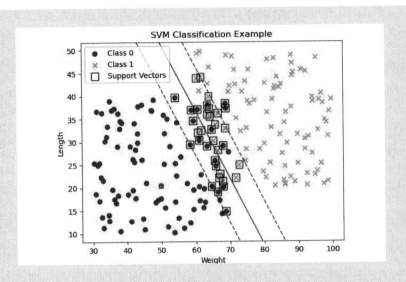

위 첫 번째 그림은 C값이 1, 두 번째 그림은 C값이 0.005인 결과입니다. 결정 경계의 폭이 C값이 작은 것이 더 넓은 것을 알 수 있습니다.

서포트 벡터 머신으로 분류된 데이터를 시각화한 것입니다. 왼쪽의 점선은 파란색 데이터의 결정 경계이며, 박스 모양의 데이터가 파란색의 서포트 벡터입니다. 오른쪽은 같은 형식으로 계산된 주황색 데이터의 결정 경계와 서포트 벡터입니다. 양쪽 점선이 만드는 사각형의 크기를 마진이라고 하며, 이 마진이 클수록 일반화 성능이 더 좋다고 할 수 있습니다. 예제에서는 오른쪽에 경계 밖에 있는 파란색 데이터는 이상치일 수 있으며, 이를 정확하게 분류하려면 C값을 높여서 확인해 볼 수 있습니다.

7. 비선형 데이터를 SVM으로 분류하는 예제

```
import numpy as np

import matplotlib.pyplot as plt

from sklearn.datasets import make_circles

from sklearn.svm import SVC

from sklearn.model_selection import train_test_split

from sklearn.metrics import accuracy_score
```

```
# 비선형 데이터 생성
X, y = make_circles(n_samples=300, noise=0.05, random_state=42)


# 데이터 시각화
plt.scatter(X[y == 0][:, 0], X[y == 0][:, 1], label="Class 0", alpha=0.7)
plt.scatter(X[y == 1][:, 0], X[y == 1][:, 1], label="Class 1", alpha=0.7)
plt.title("Non-linear Data")
plt.xlabel("Feature 1")
plt.ylabel("Feature 2")
plt.legend()
plt.show()


# 데이터를 훈련 세트와 테스트 세트로 나누기
X_train, X_test, y_train, y_test = train_test_split(X, y, test_size=0.2,
random_state=42)


# SVM 모델 생성 및 훈련 (RBF 커널 사용)
svm_model = SVC(kernel='rbf', C=1)
svm_model.fit(X_train, y_train)


# 테스트 데이터로 예측
y_pred = svm_model.predict(X_test)


# 정확도 출력
accuracy = accuracy_score(y_test, y_pred)
print(f'Accuracy: {accuracy}')


# 결정 경계 및 서포트 벡터 시각화
```

```
plt.scatter(X[y == 0][:, 0], X[y == 0][:, 1], label="Class 0", alpha=0.7)
plt.scatter(X[y == 1][:, 0], X[y == 1][:, 1], label="Class 1", alpha=0.7)

# 서포트 벡터 표시
plt.scatter(svm_model.support_vectors_[:, 0], svm_model.support_vectors_[:,
1], s=100, facecolors='none', edgecolors='k', marker='s', label='Support
Vectors')

# 결정 경계 시각화
ax = plt.gca()
xlim = ax.get_xlim()
ylim = ax.get_ylim()

# 결정 경계 생성
xx, yy = np.meshgrid(np.linspace(xlim[0], xlim[1], 50), np.linspace(ylim[0],
ylim[1], 50))
Z = svm_model.decision_function(np.c_[xx.ravel(), yy.ravel()])
Z = Z.reshape(xx.shape)

# 결정 경계 및 마진 시각화
plt.contour(xx, yy, Z, colors='k', levels=[-1, 0, 1], alpha=0.5,
linestyles=['--', '-', '--'])

plt.title("SVM with RBF Kernel for Non-linear Data")
plt.xlabel("Feature 1")
plt.ylabel("Feature 2")
plt.legend()
plt.show()
```

Accuracy: 0.9833333333333333

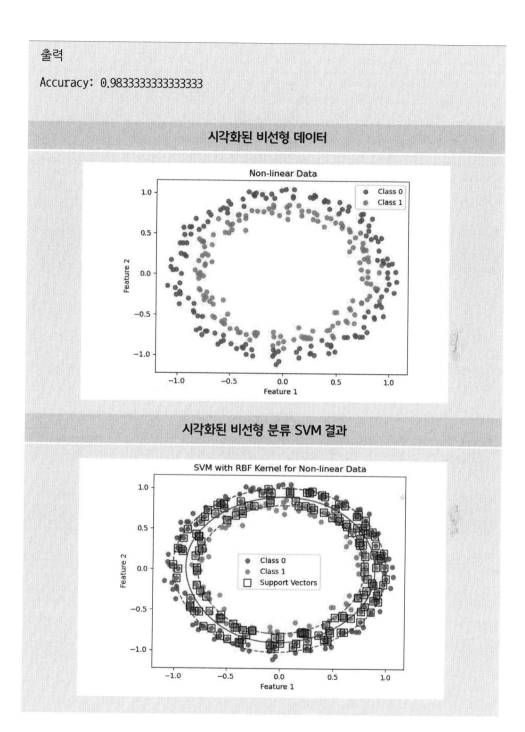

시각화된 비선형 데이터

시각화된 비선형 분류 SVM 결과

2-4-1-7. 딥러닝

딥러닝은 인공 신경망을 기반으로 하는 기계학습의 한 분야로, 다층 신경망과 같은 구조를 사용하여 복잡한 패턴을 학습하는 데 중점을 둡니다. 대량의 데이터를 분석하여 자동으로 특징을 학습하고, 이를 통해 판단, 예측, 분류 등의 다양한 작업을 수행하는 인공지능을 만들 수 있습니다. 주로 이미지 인식, 음성 인식, 자연어 처리 등은 대부분 딥러닝을 이용하여 기계학습을 하는 분야입니다.

다른 기계학습과 딥러닝을 간단히 비교하면 다음과 같은 특징을 알 수 있습니다.

	다른 기계학습	딥러닝
데이터의 양과 복잡성	상대적으로 적은 양의 데이터로도 학습이 가능하여 간단한 모델로도 성능을 얻을 수 있음.	대량의 데이터가 필요하며, 깊고 복잡한 모델을 구성할 때 편리함.
특징 추출과 자동 특징 학습	주로 사람이 정의한 특징을 사용함.	자동으로 특징을 학습함으로, 사람이 특징을 추출하지 않음.
모델 구조	일반적으로 얕은 모델 사용	다양하고 깊은 신경망 사용
대표적인 모델	결정트리, 서포트 벡터 머신	CNN, RNN, Transformer
성능 및 일반화	일반적으로 적은 데이터에서도 일정 수준의 성능을 보이지만, 복잡한 문제에서는 한계가 있음.	대규모 데이터와 높은 복잡성에서 뛰어난 성능을 보임. 적은 규모의 데이터에서는 과적합 위험이 증가함.
계산 자원과 학습 시간	상대적으로 적은 계산 자원으로도 학습이 가능하며, 학습 시간이 짧음.	대규모 모델과 데이터를 다루기 때문에 많은 계산 자원과 학습 시간이 필요함.
해석 가능성	모델의 결정 과정이 상대적으로 해석하기 쉬움.	딥러닝 모델의 복잡성 때문에 해석이 어려움.

딥러닝은 대량의 데이터와 복잡한 모델을 사용하여 다양한 분야에서 높은 성능을 보이지만 계산 자원이 많이 필요하고, 대량의 데이터가 필요하며, 완성된 모델을 해석하는 데 어려움이 있는 등의 단점이 있습니다. 다른 기계학습은 데이터 세트가 작거나 해석 가능성이 중요한 경우에 유용할 수 있습니다. 주어진 문제와 상황에 따라서 선택하여 사용하는 것이 좋으며, 두 기술을 혼합하여 사용함으로써 효과적인 인공지능 모델을 만들 수 있습니다.

아래는 인공 신경망을 이용하여 강아지와 고양이 이미지를 분류하는 예제입니다.

```python
import tensorflow as tf
from tensorflow.keras import layers, models
from tensorflow.keras.preprocessing.image import ImageDataGenerator
import matplotlib.pyplot as plt
from tensorflow import keras
from tensorflow.keras import layers


# 데이터 세트 다운로드
train_generator = tf.keras.utils.get_file('cats_and_dogs/train',
 'https://storage.googleapis.com/mledu-datasets/cats_and_dogs_filtered.zip',
      untar=True, cache_dir='./')
validation_generator = tf.keras.utils.get_file('cats_and_dogs/validation',
 'https://storage.googleapis.com/mledu-datasets/cats_and_dogs_filtered.zip',
      untar=True, cache_dir='./')
# 이미지 데이터 증강을 위한 ImageDataGenerator 설정
train_datagen = ImageDataGenerator(rescale=1./255, shear_range=0.2, zoom_
range=0.2, horizontal_flip=True)
validation_datagen = ImageDataGenerator(rescale=1./255)


# 데이터 로딩 및 전처리
train_dataset = train_datagen.flow_from_directory(
      train_generator, target_size=(197, 150), batch_size=200, class_
mode='binary')


validation_dataset = validation_datagen.flow_from_directory(
      validation_generator, target_size=(197, 150), batch_size=150, class_
```

```
mode='binary')
```

```
Found 2000 images belonging to 2 classes.
Found 1000 images belonging to 2 classes.
```

*학습용(Training) 데이터 2000건, 검증용(Validation) 데이터 1000건,

강아지(dogs)와 고양이(cats) 클래스 2가지로 지정됨

*다운로드 후에, 아래와 같은 폴더가 구성되어 있도록 조정해야 합니다. 각 폴더

아래에 고양이와 강아지의 이미지 파일이 있어야 합니다.

./datasets/train/cats_and_dogs/cats

./datasets/train/cats_and_dogs/dogs

./datasets/validatation/cats_and_dogs/cats

./datasets/validatation/cats_and_dogs/dogs

학습과 검증용 데이터 클래스 출력해 보기

```
print(train_dataset.class_indices)
print(validation_dataset.class_indices)
```

출력 결과

```
{'cats': 0, 'dogs': 1}
{'cats': 0, 'dogs': 1}
```

학습 모델 구성과 학습하는 코드

```
# CNN 모델 구성
model = models.Sequential()
model.add(layers.Conv2D(32, (3, 3), activation='relu', input_shape=(197, 150, 3)))
```

```python
model.add(layers.MaxPooling2D((2, 2)))
model.add(layers.Conv2D(64, (3, 3), activation='relu'))
model.add(layers.MaxPooling2D((2, 2)))
model.add(layers.Conv2D(128, (3, 3), activation='relu'))
model.add(layers.MaxPooling2D((2, 2)))
model.add(layers.Flatten())
model.add(layers.Dense(512, activation='relu'))
model.add(layers.Dense(1, activation='sigmoid'))

# 모델 컴파일
opt = keras.optimizers.Adam(learning_rate=0.0001)
model.compile(loss='binary_crossentropy', optimizer=opt,
metrics=['accuracy'])

# 모델 훈련
history = model.fit(train_dataset, epochs=10, validation_data=validation_
dataset)

# 결과 시각화
acc = history.history['accuracy']
val_acc = history.history['val_accuracy']
loss = history.history['loss']
val_loss = history.history['val_loss']

epochs = range(1, len(acc) + 1)
```

```
Epoch 1/10
10/10 [==============================] - 31s 3s/step - loss: 0.6965 -
accuracy: 0.5225 - val_loss: 0.6734 - val_accuracy: 0.5470
.....
Epoch 10/10
10/10 [==============================] - 36s 4s/step - loss: 0.5627 -
accuracy: 0.7140 - val_loss: 0.5669 - val_accuracy: 0.7040
```

··· 10번의 Epoch를 수행하는 데, 배치 사이즈가 200으로 지정되었고, 데이터 수가 2000개임으로, 2000 / 200 = 10 라서, 10번의 이터레이션으로 계산되었습니다.

10/10 Epoch를 수행하는 데 약 36초가 걸렸고, 훈련할 때, 손실율은 0.56, 정확도는 0.71입니다. 검증용 데이터로 검증한 결과는 Val_loss 0.56, val Accuracy 0.70입니다.

데이터를 여러번 스캔하여 Epoch를 수행하면, 점점 정확도가 개선되는 것을 볼 수 있습니다. 배치사이즈를 조정하고 Epoch수를 늘려 가면서 정확도가 개선되는지 시험해 보시기 바랍니다.

예측하는 예제

```python
import numpy as np
from tensorflow.keras.preprocessing import image

# 예측할 이미지 경로
image_path = "cat.jpg"

# 이미지 불러오기 및 전처리
img = image.load_img(image_path, target_size=(197, 150))
```

```
img_array = image.img_to_array(img)

img_array = np.expand_dims(img_array, axis=0)

img_array /= 255.0  # 이미지를 모델에 입력하기 전에 0에서 1 사이의 값으로 스
케일 조정


# 모델 예측

prediction = model.predict(img_array)

print(prediction)


# 결과 출력

if prediction[0][0] > 0.5:

    print(prediction, "예측 결과: 강아지")

else:

    print(prediction, "예측 결과: 고양이")
```

예측 결과 출력

```
1/1 [==============================] - 0s 40ms/step
[[0.20053566]]
[[0.20053566]] 예측 결과: 고양이
```

딥러닝으로 기계학습을 하는 데에 조정할 수 있는 하이퍼파라미터를 소개하겠습니다. 기계학습을 통하여 만들어진 인공지능의 성능 혹은 학습 과정에 영향을 주는 중요한 개념입니다.

Learning Rate:

학습 모델이 학습할 때의 단계 크기를 나타냅니다. 너무 크면 수렴이 어려워지고, 너무 작으면 학습이 매우 느려질 수 있습니다.

Batch Size:

각 학습 단계에서 사용되는 샘플의 수를 나타냅니다. 메모리 제약, 학습 속도, 일반화 성능을 고려하여 설정합니다.

Epoch:

전체 데이터를 한번 사용하는 것을 1에포크라고 합니다. 학습 모델이 훈련 데이터를 얼마나 많이 검토할지 결정합니다.

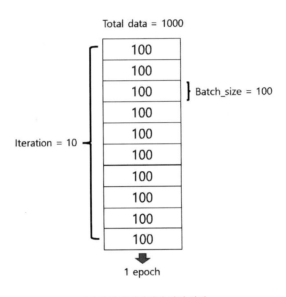

2.3 하이퍼 파라미터 간의 관계

Dropout rate:

과적합을 방지하기 위해 사용되는 드롭아웃 레이어에서 비활성화될 뉴런의 비율을 나타냅니다.

Weight Initialization:

네트워크의 가중치를 초기화하는 방법을 결정합니다. Xavier, He 등이 일반적으로 사용됩니다.

Activation Function:

은닉층에서 사용되는 활성화 함수를 나타냅니다. ReLU, Sigmoid, Tanh등히 사용됩니다.

Optimizer:

학습할 때 사용되는 최적화 알고리즘을 나타냅니다. Adam, RMSprop, SGD 등이 사용됩니다.

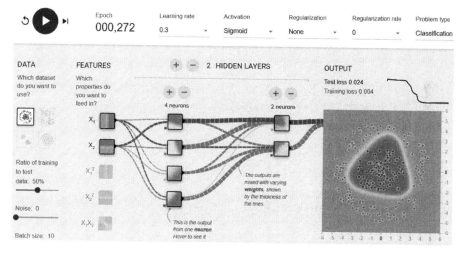

2.4 플레이그라운드 샘플

예제 코드에서 하이퍼 파라메터들이 어떤 값으로 지정되었는지 확인해 보시기 바랍니다.

그리고 'https://playground.tensorflow.org/'를 방문하시면 데이터 세트, 레이어 추가, 관련된 하이퍼 파라메터를 조정하여 그 영향을 확인할 수 있습니다.

2-4-2. 비지도학습

비지도학습은 지도학습에서 필요했던, 데이터에 대한 명시적인 레이블이 없이 모델을 훈련시키는 기계학습 방법입니다. 비지도학습 모델은 주어진 데이터에서 구조나 패턴을 발견하고 이를 활용하여 특정 작업을 수행합니다. 데이터 클러스터링, 차원 축소, 생성 등 다양한 방식으로 처리합니다.

이 장에서는 여러 가지 비지도학습 방법 중 군집화, 차원 축소, 생성모델, 이상 탐지를 설명해 보겠습니다.

2-4-2-1. 군집화(Clustering)

군집화는 비슷한 특성을 갖는 데이터를 그룹핑하는 작업을 의미합니다. 주로 데이터의 유사성을 기반으로 그룹을 형성하여 데이터의 구조를 파악하거나, 관련된 데이터를 분류하는 데 사용됩니다. 몇 가지 군집화 알고리즘이 존재하며, 특정한 상황이나 유형에 적합한 알고리즘을 선택하여 사용하게 됩니다.

K-평균 군집화(K-Means Clustering):

사용자가 지정한 K개(클러스터 수) 중심(Centroid)로부터 각 데이터 포인트까지의 거리를 측정하고, 가장 가까운 중심에 해당하는 군집에 할당합니다. 이때 클러스터의 수 K를 사전에 지정해야 하며, 초기 중심은 무작위로 선택되어 동작합니다.

DBSCAN(Density-Based Spatial Clustering of Application with Noise):

데이터의 공간에서 밀도가 높은 부분을 클러스터로 간주하고 데이터 밀도가 낮은 부분을 이상치로 간주합니다. 클러스터의 개수를 설정할 필요가 없고, 잡음 포인트를 처리하는 데 효과적입니다.

계층적 군집화(Hierarchical Clustering):

데이터 포인트 간의 거리에 기반하여 계층적인 트리 구조를 형성하며, 이를 통해 다양한 군집 수준을 만들어 냅니다. 클러스터의 개수를 사전에 지정하지 않으며, 계층적 구조를 시각화할 수 있습니다.

GMM(Gaussian Mixture Models):

데이터가 여러 개의 가우시안 분포로 구성되어 있다고 가정하며, 각 분포가 특정 군집을 나타냅니다.

9. K평균 군집화 예제 코드

```python
import numpy as np
import matplotlib.pyplot as plt
from sklearn.cluster import KMeans
from sklearn.datasets import make_blobs


# 데이터 생성
data, _ = make_blobs(n_samples=300, centers=4, random_state=42)


# K-평균 모델 초기화
kmeans = KMeans(n_clusters=4, random_state=42)


# 모델 학습
kmeans.fit(data)


# 클러스터 중심과 할당된 클러스터 시각화
plt.scatter(data[:, 0], data[:, 1], c=kmeans.labels_, cmap='viridis', s=50,
alpha=0.8)
plt.scatter(kmeans.cluster_centers_[:, 0], kmeans.cluster_centers_[:, 1],
c='red', marker='X', s=200)
plt.title('K-Means Clustering')


# 군집 예측
```

```
_data = np.array( [[-2.5,  5],  [5,  7],[-7,-2],[-10,10]])


predictions = kmeans.predict(_data)
plt.scatter(_data[:,0],  _data[:,1],  c=predictions,  cmap='viridis',  s=100,
alpha=0.8, marker='^')
plt.show()
print(predictions)
```

[0 2 1 3]

_data에 지정한 4개의 데이터 군집 번호를 출력하였습니다. 아래 시각화 그림에서 세모로 표시된 것이 예측한 숫자이며, 포함된 군집과 같은 색상으로 표현하였습니다.

X 표시는 학습에 사용된 데이터를 군집으로 분류한 후, 해당 군집의 중심을 표시한 것입니다. _data에 숫자를 변경하거나 추가하여, 변화를 살펴보시기 바랍니다.

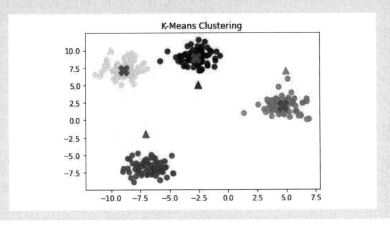

2-4-2-2. 차원 축소(Dimensionality Reduction)

고차원 데이터를 저차원으로 변환하는 기술입니다. 특성(Feature)의 수를 줄이고 불필요한 정보를 제거함으로써, 데이터를 더 간결하게 만들면서 주요한 특성은 유지시키는 방법입니다. 데이터의 시각화, 노이즈 제거, 계산 효율성 향상, 모델 성능 향상 등 다양하게 적용할 수 있습니다.

차원 축소는 선형 차원 축소와 비선형 차원 축소로 나눌 수 있습니다.

주성분 분석(Principal Component Analysis, PCA):

데이터의 분산이 최대가 되도록 주축을 찾아 데이터를 투영합니다. 주축은 데이터의 분산이 큰 방향을 나타냅니다. 주성분은 데이터의 가장 중요한 축을 나타냅니다. 분산이 작은 방향의 정보를 무시하고, 중요한 정보를 유지합니다. 그래서 주성분 분석은 선형 차원 축소에 해당됩니다.

등거리 사상(t-Distributed Stochastic Neighbor Embedding, t-SNE):

고차원에서 유사한 데이터 포인트의 유사도를 보존하면서 저차원으로 매핑합니다. 시각화에 많이 사용됩니다. 군집 간의 거리가 시각적으로 잘 보존되도록 합니다. t-SNE는 비선형 차원 축소 방법입니다.

자기 조직화 지도(Self-Organizing Maps, SOM):

고차원 데이터를 2D 또는 3D 그리드에 매핑하여 토폴로지를 보존합니다. 군집화와 함께 시각화에 활용되며, 데이터의 토폴로지를 파악하는 데 사용됩니다.

차원 축소는 데이터의 특성을 효과적으로 요약하고, 불필요한 정보를 제거하여 모델의 복잡성을 줄이는 데 도움을 줍니다. 데이터의 특성과 목적에 따라 알고리즘을 선택하여 사용하여야 합니다.

```python
import numpy as np
import matplotlib.pyplot as plt
from sklearn.decomposition import PCA
from sklearn.datasets import load_iris

# Iris 데이터 세트 로드
iris = load_iris()
X = iris.data
y = iris.target

print(iris.feature_names)
print(iris.target_names)

# PCA 모델 초기화
pca = PCA(n_components=2)

# 주성분 분석 수행
X_pca = pca.fit_transform(X)

# 주성분 분석 결과 시각화
plt.figure(figsize=(8, 6))
for i, c in zip(np.unique(y), ['red', 'green', 'blue']):
    plt.scatter(X_pca[y == i, 0], X_pca[y == i, 1], c=c, label=f'Class {i}',
alpha=0.7)

plt.title('PCA of Iris Dataset')
```

```
plt.xlabel('Principal Component 1')
plt.ylabel('Principal Component 2')
plt.legend()
plt.show()
```

결과 출력

['sepal length (cm)', 'sepal width (cm)', 'petal length (cm)', 'petal width (cm)']

['setosa' 'versicolor' 'virginica']

* 붓꽃의 품종에 대한 꽃받침(sepal)의 길이와 넓이, 꽃잎의 길이와 넓이 데이터를 가지고, 3가지 품종을 예측하기 위한 데이터를 이용하였습니다.

* 원본 데이터는 4개의 특징(꽃받침의 길이와 넓이, 꽃잎의 길이와 넓이)을 갖고 있습니다.

* PCA를 이용하여, 4개의 특징으로 2개로 줄여서, 그래프로 시각화하고, 품종 3개는 색상으로 표시한 것입니다.

* 서로 구분되는 특징은 보존하면서, 하나의 화면에 3개의 품종을 구분하여 표시할 수 있습니다.

시각화 결과 출력

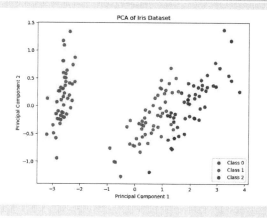

```
import numpy as np
import matplotlib.pyplot as plt
from sklearn.manifold import TSNE
from sklearn.datasets import load_iris

# Iris 데이터 세트 로드
iris = load_iris()
X = iris.data
y = iris.target

# t-SNE 모델 초기화
tsne = TSNE(n_components=2, random_state=42)

# t-SNE 수행
X_tsne = tsne.fit_transform(X)

# t-SNE 결과 시각화
plt.figure(figsize=(8, 6))
for i, c in zip(np.unique(y), ['red', 'green', 'blue']):
    plt.scatter(X_tsne[y == i, 0], X_tsne[y == i, 1], c=c, label=f'Class {i}',
alpha=0.7)

plt.title('t-SNE of Iris Dataset')
plt.xlabel('t-SNE Component 1')
plt.ylabel('t-SNE Component 2')
plt.legend()
```

```
plt.show()
```

시각화 결과

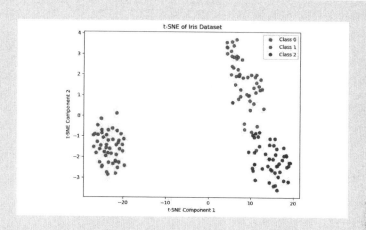

붓꽃 품종에 대한 PCA와 t-SNE를 이용한 시각화 결과를 비교하여 보시기 바랍니다. 비지도학습의 차원 축소를 통하여 지도학습을 위한 라벨링을 목적으로 시각화를 하는 것이라면, PCA보다는 t-SNE가 군집의 모양이 더 잘 표현된 것으로 보입니다.

2-4-2-3. 생성모델(Generative Model)

생성모델은 주어진 데이터 분포를 학습하여 새로운 샘플을 생성하는 모델입니다. 이 모델은 학습 데이터의 특성을 파악하여 학습하고, 이를 기반으로 새로운 데이터를 생성합니다. 생성 모델은 비지도학습으로 사용되며, 다양한 분야에서 활용되고 있습니다. chatGPT는 언어 생성 모델이고, 달리와 같은 것은 이미지 생성 모델입니다. 생성 모델의 대표적인 알고리즘인 GAN에 대해서 설명하겠습니다.

GAN(Generative Adversarial Network):

GAN은 생성자(Gernerator)와 판별자(Discriminator) 기능이 있고, 이 두 가지 기능 혹은 네트워크가 적대적 학습을 통해 학습됩니다. 적대적 학습이란, 생성자는 가짜 데이터를 진짜 데이터처럼 생성하여 판별자를 속이려 하고 판별자는 생성자가 만든 것이 진짜인지 가짜인지를 판별하는 것으로, 서로 적대적 관계에서 학습을 하는 것을 의미합니다. 해커는 보안망을 무력화하려고 하고, 보안 담당자는 해커를 예방하고 뚫리지 않게 보안을 강화하는 것과 같습니다.

아래 그림은 GAN의 동작 과정을 간단히 설명하는 것입니다.

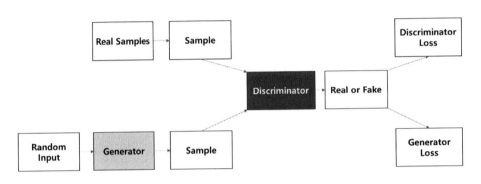

2.5. GAN 동작 원리

GAN을 이해하기에 좋은 예제 프로그램을 만드는 것은 쉽지 않습니다. 무엇보다도 PC에서 수행되어야 하는 간단한 예제 프로그램은 시각화하기 어렵고, 시각화하여 이해하기 좋은 예제 프로그램은 PC에서 수행할 수 없었기 때문입니다.

12. GAN 예제 코드

```python
import numpy as np
import matplotlib.pyplot as plt
from tensorflow.keras.models import Sequential, Model
from tensorflow.keras.layers import Dense, LeakyReLU, BatchNormalization,
Reshape, Flatten, Input
from tensorflow.keras.optimizers import Adam
from tensorflow.keras import initializers
```

```python
# 생성자 모델 정의
def build_generator(latent_dim):
    model = Sequential()
    model.add(Dense(256, input_dim=latent_dim))
    model.add(LeakyReLU(alpha=0.2))
    model.add(BatchNormalization(momentum=0.8))
    model.add(Dense(2, activation='tanh'))
    return model


# 판별자 모델 정의
def build_discriminator(input_dim):
    model = Sequential()
    model.add(Dense(256, input_dim=input_dim))
    model.add(LeakyReLU(alpha=0.2))
    model.add(Dense(1, activation='sigmoid'))
    model.add(BatchNormalization(momentum=0.8))
    return model


# GAN 모델 정의
def build_gan(generator, discriminator):
    discriminator.trainable = False
    model = Sequential()
    model.add(generator)
    model.add(discriminator)
    return model


# GAN 모델 및 생성자, 판별자 컴파일
latent_dim = 10
```

```python
generator = build_generator(latent_dim)

discriminator = build_discriminator(2)

gan = build_gan(generator, discriminator)

discriminator.compile(optimizer=Adam(0.0022, 0.5), loss='binary_
crossentropy', metrics=['accuracy'])

gan.compile(optimizer=Adam(0.0022, 0.5), loss='binary_crossentropy')


# 가짜 샘플 생성 함수
def generate_fake_samples(generator, latent_dim, n):
    latent_points = np.random.randn(latent_dim * n).reshape(n, latent_dim)
    return generator.predict(latent_points)


# 실제 데이터 생성 함수
def generate_real_samples(n):
    x1 = np.random.randn(n) + 5
    x2 = np.random.randn(n) + 5
    return np.vstack((x1, x2)).T


# GAN 학습 함수
def train_gan(generator, discriminator, gan, latent_dim, n_epochs=1000, n_
batch=128):
    for epoch in range(n_epochs):
        # 실제 데이터
        X_real = generate_real_samples(n_batch)
        y_real = np.ones((n_batch, 1))
        # 판별자 훈련
        d_loss_real = discriminator.train_on_batch(X_real, y_real)
        # 가짜 데이터
```

```
        X_fake = generate_fake_samples(generator, latent_dim, n_batch)
        y_fake = np.zeros((n_batch, 1))
        # 판별자 훈련
        d_loss_fake = discriminator.train_on_batch(X_fake, y_fake)
        # 생성자 훈련
          X_gan = np.random.randn(latent_dim * n_batch).reshape(n_batch,
latent_dim)
        y_gan = np.ones((n_batch, 1))
        g_loss = gan.train_on_batch(X_gan, y_gan)
        # 결과 출력
        if epoch % 1000 == 0:
            print(f"Epoch {epoch}, D Loss Real: {d_loss_real}, D Loss Fake:
{d_loss_fake}, G Loss: {g_loss}")


# GAN 학습
train_gan(generator, discriminator, gan, latent_dim)


# 생성된 데이터 및 실제 데이터 시각화
generated_samples = generate_fake_samples(generator, latent_dim, 1000)
real_samples = generate_real_samples(1000)


plt.scatter(real_samples[:, 0], real_samples[:, 1], color='blue', alpha=0.5,
label='Real Data')
plt.scatter(generated_samples[:, 0], generated_samples[:, 1], color='red',
alpha=0.5, label='Generated Data')
plt.legend()
plt.title('Generated vs Real Data Distribution')
plt.show()
```

```
#GAN으로 만든 새로운 데이터 시각화
plt.scatter(generated_samples[:, 0], generated_samples[:, 1], color='red',
alpha=0.5, label='Generated Data')
plt.legend()
plt.title('Zoom In Generated Data Distribution')
plt.show()
print(generated_samples)
```

결과 출력

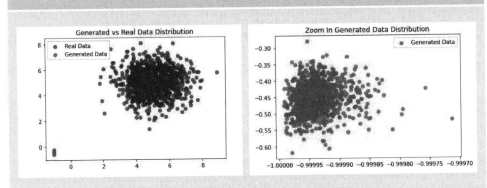

GAN의 성능이 좋으면 파란색의 학습 데이터와 유사한 패턴의 붉은색 생성 데이터
가 만들어져야 합니다. 좋은 장비에서 Learning_rate, Epoch, alpha 등의 하이퍼
파라메터를 조정하여 실습을 해 보시기 바랍니다.

랜덤 숫자로 학습하기 때문에 코스 수정 없이 재수행을 하면 붉은색의 분포가 바
뀝니다. 출력 데이터가 안정적으로 유지되도록 조정해 보시기 바랍니다.

아래 예제는 GAN을 이용하여 손글씨 이미지 데이터를 학습하여, 새로운 이미지를
생성하는 예제 프로그램입니다. 코드의 전체적인 구조는 앞서 보여 드린 예제와 같습
니다. 생성자, 판별자를 만들고, 학습 과정을 거쳐서 완성됩니다.

Epoch는 약 10,000 이상 수행하였습니다.

```python
from tensorflow.keras.models import Sequential, Model
from tensorflow.keras.layers import Dense, Reshape, Flatten
from tensorflow.keras.optimizers import Adam
import numpy as np
import matplotlib.pyplot as plt
import tensorflow as tf
from tensorflow.keras import layers, models


# 생성자 모델 정의
def build_generator(latent_dim, image_dim):
    model = models.Sequential()
    model.add(layers.Dense(512, input_dim=latent_dim, activation='relu'))
    model.add(layers.Dense(image_dim, activation='tanh'))
    return model


# 판별자 모델 정의
def build_discriminator(image_dim):
    model = models.Sequential()
    model.add(layers.Dense(1024,input_dim = image_dim, activation='relu'))
    model.add(layers.Dense(1, activation='sigmoid'))
    return model


# GAN 모델 정의
def build_gan(generator, discriminator):
    discriminator.trainable = False  # discriminator의 가중치 업데이트를 막음
    gan_input = layers.Input(shape=(latent_dim,))
```

```python
    x = generator(gan_input)

    gan_output = discriminator(x)

    gan = Model(gan_input, gan_output)

    return gan


# 생성된 이미지 시각화
def plot_generated_images(generator):

    examples = 10

    dim=(1,10)

    figsize = (10,1)


    noise = np.random.normal(0, 1, size=(examples, latent_dim))

    generated_images = generator.predict(noise)

    generated_images = generated_images.reshape(examples, 28,28)   # [0, 1]로
복원


    plt.figure(figsize=figsize)

    plt.title("Generated Image")

    plt.axis('off')

    for i in range(generated_images.shape[0]):

        plt.subplot(dim[0], dim[1], i+1)

        plt.imshow(generated_images[i], interpolation='nearest',cmap='gray_r')

        plt.axis('off')

    plt.show()


# MNIST 데이터 로드 : 손글씨 이미지
from tensorflow.keras.datasets import mnist

  (X_train, _), (_, _) = tf.keras.datasets.mnist.load_data()
```

```python
X_train = X_train / 127.5 - 1.0  # 이미지를 [-1, 1]로 정규화


# 생성자, 판별자, GAN 모델 생성
latent_dim = 100

image_dim = 28 * 28

generator = build_generator(latent_dim,image_dim)

discriminator = build_discriminator(image_dim)


# 판별자 컴파일
discriminator.compile(loss='binary_crossentropy', optimizer=Adam(learning_
rate=0.0002, beta_1=0.5))

discriminator.trainable = False


gan = build_gan(generator, discriminator)

gan.compile(optimizer=Adam(learning_rate=0.0002, beta_1=0.5), loss='binary_
crossentropy')

gan.summary()


# 학습 파라미터 설정
epochs = 700

batch_size = 128


# 학습 루프
for epoch in range(epochs):
    # 진짜 이미지 샘플링
    real_images = X_train[np.random.randint(0,X_train.shape[0],batch_size)]
    real_images = real_images.reshape(batch_size,image_dim)
```

```python
# 랜덤한 잠재 공간 포인트 생성
noise = np.random.normal(0, 1, size =(batch_size,latent_dim))

# 가짜 이미지 생성
generated_images = generator.predict(noise)

# 진짜 이미지와 가짜 이미지를 합쳐서 판별자를 훈련
labels_real = np.ones((batch_size, 1))
labels_fake = np.zeros((batch_size, 1))

discriminator.trainable = True
d_loss_real = discriminator.train_on_batch(real_images, labels_real)
 d_loss_fake = discriminator.train_on_batch(generated_images, labels_fake)
d_loss = 0.5 * np.add(d_loss_real, d_loss_fake)

# 생성자를 훈련
discriminator.trainable = False
noise = np.random.normal(0, 1, (batch_size, latent_dim))
labels_gan = np.ones((batch_size, 1))
g_loss = gan.train_on_batch(noise, labels_gan)

# 1000 에폭마다 결과 출력
if epoch % 100 == 0:
    print(f"Epoch {epoch}, D Loss: {d_loss}, G Loss: {g_loss}")
    plot_generated_images(generator)
```

```
#원본이미지 출력

dim=(1,10)

figsize = (10,1)

plt.figure(figsize=figsize)

plt.title("Input Image")

plt.axis('off')


for i in range(10):
    plt.subplot(dim[0], dim[1], i+1)
    plt.imshow(X_train[i],interpolation='nearest', cmap='gray_r')
    plt.axis('off')
plt.show()


#최종 결과 출력

plot_generated_images(generator)
```

결과 출력

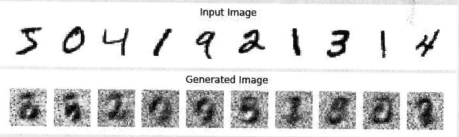

Epoch를 증가시켜 더 많이 학습시킬수록 최종 이미지가 선명하게 나올 수 있습니다.

2-4-2-4. 이상 탐지(Anomaly Detection)

이상 탐지는 시스템이나 데이터에서 발생하는 이상한 패턴, 행동, 사건을 탐지하는 기술입니다. 주어진 데이터에서 일반적인 패턴을 학습하고, 이 패턴과 다르거나 예상치 못한 사건을 감지하여 경보를 생성하거나 조치를 취하기 위한 목적으로 사용합니다. 이상 탐지는 보안, 네트워크 모니터링, 금융 거래 감시, 제조업의 공정 모니터링, 장비의 고장 탐지, 건강 관리 등 응용 분야가 다양합니다.

이상 탐지 학습에 사용되는 학습용 데이터를 만드는 것은 매우 어렵습니다. 시스템에서 제공하는 대부분의 데이터들은 정상인 데이터들이기 때문입니다. 실제 환경에서 이상 패턴이 너무 많이 발생한다면, 이미 다른 방법으로 문제를 해결하기 때문입니다. 이상 탐지를 추진하고 있는 기업들이 갖고 있는 데이터에서 이상 패턴 데이터의 비율은 0.1%가 되지 않는 경우가 많습니다. 99.9%가 정상인 데이터들이고, 이런 정상 패턴을 보이는 것이 일반적입니다.

그래서 이상 탐지를 지도학습으로 이용하는 것은 쉽지 않습니다. 이상 패턴의 데이터가 너무 적기 때문에 정확도가 낮거나, 과적합 문제가 발생하기 때문입니다.

그래서 클러스터링과 같은 비지도학습을 먼저 하고 비지도학습의 결과를 바탕으로 데이터에 정상, 이상 라벨링을 한 후에 지도학습으로 인공지능을 구현하는 것이 바람직합니다.

다음에 2가지 예제를 기술하였습니다. 기계학습의 SVM을 이용하는 방법과 딥러닝의 오토인코더를 사용하는 방법입니다.

One-Class SVM은 지도학습이며, 하나의 클래스만 학습하여 이 클래스에서 벗어난 패턴을 이상으로 처리하는 것입니다.

14. One-Class SVM

```python
import numpy as np
import matplotlib.pyplot as plt
from sklearn import svm
```

```python
# 데이터 생성
np.random.seed(42)

# 정상 데이터 생성
normal_data = np.random.randn(100, 2) * 2

# 이상치 데이터 생성
outlier_data = np.random.uniform(low=-10, high=10, size=(5, 2))

# 합치기
data = np.vstack([normal_data, outlier_data])

# 정상 데이터에 레이블 1, 이상치에 레이블 -1 할당
labels = np.ones(len(normal_data))
labels = np.hstack([labels, -np.ones(len(outlier_data))])

# SVM 모델 생성
clf = svm.OneClassSVM(nu=0.1, kernel="rbf", gamma=0.1)

# 모델 훈련
clf.fit(data)

# 예측
pred_labels = clf.predict(data)

# 시각화
xx, yy = np.meshgrid(np.linspace(-15, 15, 500), np.linspace(-15, 15, 500))
Z = clf.decision_function(np.c_[xx.ravel(), yy.ravel()])
```

```
Z = Z.reshape(xx.shape)

plt.title("One-Class SVM for Anomaly Detection")
plt.contourf(xx, yy, Z, levels=np.linspace(Z.min(), 0, 7), cmap=plt.cm.PuBu,
alpha=0.7)
plt.scatter(data[:, 0], data[:, 1], c="white", s=20, edgecolors="k")
plt.scatter(data[pred_labels == -1, 0], data[pred_labels == -1, 1], c="red",
s=20, edgecolors="k")
plt.xlabel("Feature 1")
plt.ylabel("Feature 2")
plt.show()
```

출력 결과

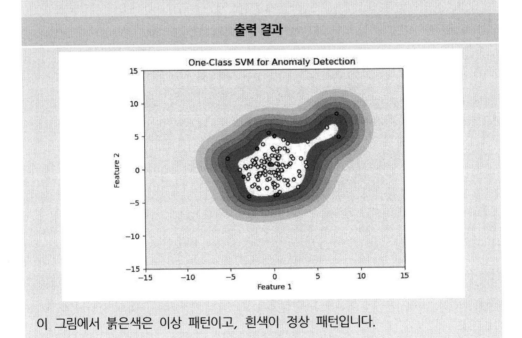

이 그림에서 붉은색은 이상 패턴이고, 흰색이 정상 패턴입니다.

오토인코더는 인코더와 디코더로 구성된 신경망으로, 입력 데이터를 잘 복원하는 것을 목표로 학습합니다. 이상 데이터는 복원하기 어렵기 때문에 오차가 크게 발생하여 감지됩니다.

```python
import numpy as np
import matplotlib.pyplot as plt
from keras.layers import Input, Dense
from keras.models import Model


# 데이터 생성
np.random.seed(42)


# 정상 데이터 생성
normal_data = np.random.randn(100, 2) * 2


# 이상치 데이터 생성
outlier_data = np.random.uniform(low=-10, high=10, size=(5, 2))


# 합치기
data = np.vstack([normal_data, outlier_data])


# 오토인코더 모델 정의
input_dim = data.shape[1]


input_layer = Input(shape=(input_dim,))
encoded = Dense(8, activation='relu')(input_layer)
decoded = Dense(input_dim, activation='linear')(encoded)


autoencoder = Model(input_layer, decoded)
```

```
autoencoder.compile(optimizer='adam', loss='mean_squared_error')


# 정상 데이터로 훈련
autoencoder.fit(normal_data, normal_data, epochs=100, batch_size=32,
shuffle=True, validation_split=0.2, verbose=0)


# 이상 데이터 예측
predictions = autoencoder.predict(data)


# 각 데이터 포인트의 재구성 오차 계산
reconstruction_errors = np.mean(np.square(data - predictions), axis=1)


# 재구성 오차를 시각화
plt.scatter(range(len(reconstruction_errors)), reconstruction_errors,
c='b', marker='o', label='Reconstruction Error')
plt.axhline(y=np.mean(reconstruction_errors), color='r', linestyle='--',
label='Threshold')
plt.title('Autoencoder for Anomaly Detection')
plt.xlabel('Data Point Index')
plt.ylabel('Reconstruction Error')
plt.legend()
plt.show()
```

출력 결과

붉은색 점선이 이상치와 정상치를 구분하는 임계치이고, 임계치를 벗어난 파란 점
들이 이상 패턴입니다.

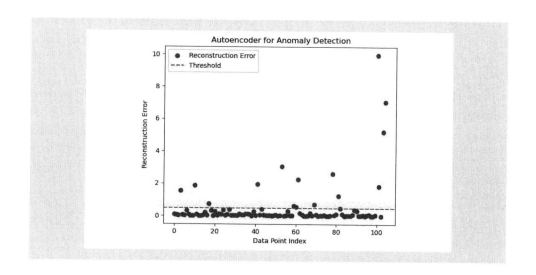

2-4-3. 강화학습(Reinforcement Learning)

강화학습은 기계학습의 한 분야로, 어떤 행동에 대하여 보상과 페널티를 주어 주어진 환경에서 최적의 행동을 학습하는 방법입니다. 강화학습에는 다음과 같은 개념이 있습니다.

에이전트(Agent):

의사 결정을 내리고 행동하는 주체를 의미합니다. 주어진 환경에서 관찰한 정보를 기반으로 행동을 선택하고, 그에 대한 보상 혹은 페널티를 받습니다.

환경(Environment):

에이전트가 상호 작용하는 외부 시스템 또는 세계를 의미합니다. 환경은 에이전트의 행동에 대한 응답으로 상태를 전달하고, 보상을 제공합니다.

상태(State):

에이전트가 환경에 취하는 어떤 행동이나 의사 결정을 나타냅니다.

보상(Reward):

에이전트가 특정 행동을 했을 때 환경으로부터 받는 피드백입니다. 일반적으로 학습 목표를 의미하며, 에이전트는 보상을 최대화하기 위한 행동을 학습하려고 합니다.

강화학습은 게임, 로봇 제어, 자율 주행, 자원관리, 주식거래 등 다양한 분야에 응용되고 있으며, 발전 가능성이 높은 분야입니다.

강화학습에는 여러 가지 알고리즘이 있으나, 가장 일반적인 Q-Learning을 소개하겠습니다.

2-4-3-1. Q-Learning

Q-Learning은 강화학습의 기본 알고리즘입니다. 에이전트가 환경과 상호 작용하며, 어떤 상태에서 어떤 행동을 선택해야 하는지를 학습하는 방법입니다. Q-Learning은 상태-행동 공간을 탐험하면서 최적의 정책을 찾는 데 중점을 두고 있습니다. 이를 통해 에이전트는 최적의 행동을 선택하여 누적 보상을 최대화하도록 학습합니다.

Q-Learning에는 다음과 같은 개념이 있습니다.

Q함수(가치함수):

Q함수는 (상태-행동)에 대한 가치를 나타냅니다. Q함수값 $Q(s, a)$는 상태 s에서 행동 a를 선택했을 때 보상을 나타냅니다. Q함수를 최적으로 학습하면 에이전트는 각 상태에서 최적의 행동을 선택할 수 있습니다.

벨만 방정식(Bellman Equation):

Q함수는 벨만 방정식을 따릅니다. 벨만 방정식은 현재 (상태-행동) 쌍의 가치를 과거의 가치와 미래의 보상 간의 관계로 표현합니다. Q함수는 $Q(s, a) = R(s, a) + \chi * \max[Q(s', a')]$ 로 표현할 수 있습니다. R은 보상, χ는 할인 계수, s'는 다음 상태, a'는 다음 행동입니다. 즉, 현재 상태와 행동은 현재 (상태-행동)의 보상과 다음 (상태-행동)의 가치가 최대화되는 (상태, 행동)으로 의사 결정을 하게 됩니다.

탐험과 이용(Exploration and Exploitation):

에이전트는 탐험(Exploration)과 이용(Exploitation)을 균형 있게 조절해야 합니다. 새로운 행동을 탐험함으로써 미지의 지역을 발견하고, 현재까지 학습한 정보를 이용함으로써 높은 보상을 얻을 수 있습니다.

Q-Learning 알고리즘의 작동 순서입니다.

Q함수 초기화:

모든 Q함수값을 초기화합니다.

에피소드 반복:

현재 상태 초기화 → 현재 상태에서 행동 선택, 환경 적용 → 보상과 다음 상태 관찰

Q함수 갱신:

$Q(s,a) = Q(s,a) + \alpha * [R + \chi * \max[Q(s',a')] - Q(s,a)$ 여기서 α는 학습율입니다.

종료 조건 만족 시까지 반복:

학습이 충분히 이루어질 때까지 또는 일정한 수의 에피소드가 지날 때까지 반복합니다.

16. 강화학습 예제(5×5 미로 찾기)

```
import numpy as np

class SimpleGridEnvironment:
    def __init__(self):
        self.grid_size = (5, 5)
        self.start_state = (0, 0)
```

```python
        self.goal_state = (4, 4)
        self.current_state = self.start_state
        self.obstacle_states = [(4, 2), (2, 2), (1, 3)]

    def reset(self):
        self.current_state = self.start_state
        return self.current_state

    def step(self, action):
        new_state = self.current_state

        # 이동 방향: 0(상), 1(우), 2(하), 3(좌)
        if action == 0 and self.current_state[0] > 0:
            new_state = (self.current_state[0] - 1, self.current_state[1])
        elif action == 1 and self.current_state[1] < self.grid_size[1] - 1:
            new_state = (self.current_state[0], self.current_state[1] + 1)
        elif action == 2 and self.current_state[0] < self.grid_size[0] - 1:
            new_state = (self.current_state[0] + 1, self.current_state[1])
        elif action == 3 and self.current_state[1] > 0:
            new_state = (self.current_state[0], self.current_state[1] - 1)

        # 보상은 목표 도달 시 1, 그 외에는 0
        reward = 1 if new_state == self.goal_state else 0

        # 장애물에 부딪힌 경우 음의 보상
        if new_state in self.obstacle_states:
            reward = -1
```

```python
        # 에피소드 종료 여부는 목표 도달 시
        done = new_state == self.goal_state

        # 상태 업데이트
        self.current_state = new_state

        return self.current_state, reward, done
class QLearningAgent:
    def __init__(self, num_states, num_actions, learning_rate=0.1, discount_
factor=0.9, exploration_prob=1.0, exploration_decay=0.995, exploration_
min=0.01):
        self.num_states = num_states
        self.num_actions = num_actions
        self.learning_rate = learning_rate
        self.discount_factor = discount_factor
        self.exploration_prob = exploration_prob
        self.exploration_decay = exploration_decay
        self.exploration_min = exploration_min

        # Q 테이블 초기화
        self.q_table = np.zeros((num_states[0], num_states[1], num_actions))

    def choose_action(self, state):
        # Epsilon-greedy exploration
        if np.random.rand() < self.exploration_prob:
            return np.random.choice(self.num_actions)
        else:
            # Randomly choose an action if multiple actions have the same
```

Q-value

```
        max_q_value = np.max(self.q_table[state[0], state[1], :])
            best_actions = np.where(self.q_table[state[0], state[1], :] ==
max_q_value)[0]
        return np.random.choice(best_actions)


    def update_q_table(self, state, action, reward, next_state):
        # Q-learning 업데이트 규칙 적용
        current_q = self.q_table[state[0], state[1], action]
        best_next_q = np.max(self.q_table[next_state[0], next_state[1], :])
        new_q = (1 - self.learning_rate) * current_q + self.learning_rate *
(reward + self.discount_factor * best_next_q)
        self.q_table[state[0], state[1], action] = new_q


        # 탐험 확률 감소
        if self.exploration_prob > self.exploration_min:
            self.exploration_prob *= self.exploration_decay


# 미로 환경과 에이전트 초기화
env = SimpleGridEnvironment()
num_states = env.grid_size
num_actions = 4  # 이동 방향: 0(상), 1(우), 2(하), 3(좌)


agent = QLearningAgent(num_states, num_actions, exploration_prob=0.5)
path = []


# 학습
num_episodes = 1000
```

```python
for episode in range(num_episodes):
    state = env.reset()
    total_reward = 0

    while True:
        # 에이전트가 현재 상태에서 행동 선택
        action = agent.choose_action(state)

        # 선택한 행동을 환경에 적용하고 새로운 상태, 보상, 종료 여부를 얻음
        next_state, reward, done = env.step(action)

        # 경로에 현재 상태 추가
        path.append(state)

        # Q 테이블 업데이트
        agent.update_q_table(state, action, reward, next_state)

        total_reward += reward
        state = next_state

        if done:
            break

    if episode % 100 == 0:
        print(f"Episode: {episode}, Total Reward: {total_reward}")

# 학습된 정책을 이용하여 환경에서 에이전트 테스트
test_episodes = 5
```

```python
for episode in range(test_episodes):
    state = env.reset()
    total_reward = 0

    while True:
        action = agent.choose_action(state)
        next_state, reward, done = env.step(action)

        total_reward += reward
        state = next_state

        if done:
            break

    print(f"Test Episode: {episode}, Total Reward: {total_reward}")

# Print the final Q-table
print("\nFinal Q-table:")
print(agent.q_table[4,:])

import matplotlib.pyplot as plt
import numpy as np

# Assuming obstacle_states and goal_state are defined somewhere in your
script
obstacle_states = [(4, 2), (2, 2), (1, 3)]
goal_state = (4, 4)
```

```python
# Grid 생성
grid_size = (5, 5)
grid = np.zeros(grid_size)

# 장애물 표시
for obs in obstacle_states:
    grid[obs[0], obs[1]] = -1

# 목표 지점 표시
grid[goal_state[0], goal_state[1]] = 2

# 최적 경로 찾기
state = env.reset()
optimal_path = [state]

while state != goal_state:
    action = np.argmax(agent.q_table[state[0], state[1], :])
    next_state, _, _ = env.step(action)
    optimal_path.append(next_state)
    state = next_state

# 에이전트 경로 표시
for step in optimal_path:
    grid[step[0], step[1]] = 1

# 그리기
plt.figure(figsize=(4, 4))
plt.title("Optimal Path Based on Final Q-Table")
```

```
plt.imshow(grid, cmap='viridis', origin='lower', interpolation='none')

# 각 셀에 숫자로 값 표시
for i in range(grid_size[0]):
    for j in range(grid_size[1]):
        plt.text(j, i, grid[i, j], ha='center', va='center', color='white'
if grid[i, j] != -1 else 'black')

plt.show()
```

결과 출력

Q-Table
Final Q-table:
```
[[ 0.          0.          0.          0.        ]
 [ 0.124659   -0.1         0.          0.        ]
 [ 0.          0.368559    0.          0.        ]
 [ 0.07870817  1.          0.171      -0.249049  ]
 [ 0.          0.          0.          0.        ]]
```

시각화 출력

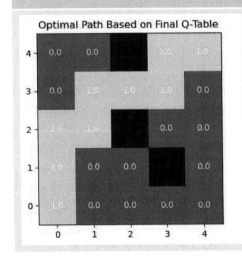

Optimal Path Based on Final Q-Table

검은색은 장애물이고, 노란색이 출발 지인 (0,0)에서 목적지인 (4,4)로 가기 위한 최적의 길입니다.

○ 3장 ○

딥러닝과 인공 신경망

1 인공 신경망 개요

인공 신경망(Artificial Neural Network, ANN)은 생물학적 신경망에서 영감을 받아 구축된 컴퓨터 알고리즘으로, 정보 처리 및 패턴 인식에 사용됩니다. 이 알고리즘은 뉴런이라 불리는 기본 단위로 구성되며, 이들 뉴런은 상호 연결되어 복잡한 계산을 수행합니다.

DNN(Deep Neural Network)은 은닉층을 2개 이상 갖는 인공 신경망을 의미합니다. DNN의 응용 알고리즘이 앞으로 설명할 CNN, RNN 등이 있습니다. DNN이 CNN, RNN의 상위 개념이라고 할 수 있습니다.

1-1. 뉴런 및 신경망 구조

뉴런은 입력을 받아 가중치를 곱하고, 편향을 더한 후 활성화 함수를 통과시키는 기본적인 단위입니다. 이런 뉴런들은 층(Layer)을 형성하며 신경망을 이루며, 입력층, 은닉층, 출력층으로 구성됩니다.

1-2. 가중치와 편향

가중치는 뉴런 간의 연결 강도를 나타내며, 편향은 뉴런이 얼마나 쉽게 활성화되는지를 조절합니다. 학습 과정에서 이런 가중치와 편향이 조절되어 학습 모델이 데이터를 더 잘 표현하도록 합니다.

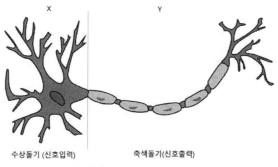

인간의 신경세포(Neuron)

3.1.1. 인간의 뉴런 구조

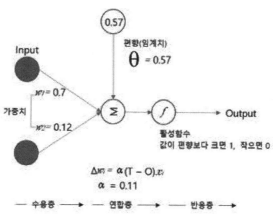

3.1.2. 인공 뉴런 구조

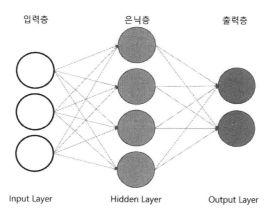

3.1.3. 인공 신경망 구조

〈그림 3.1.2〉가 인공 뉴런을 표현한 것인데. 퍼셉트론이라고 불립니다. 가중치는 입력 데이터 별로 W로 표현되어 있고, 편향은 세타로 표현되어 있습니다.

1-3. 활성화 함수

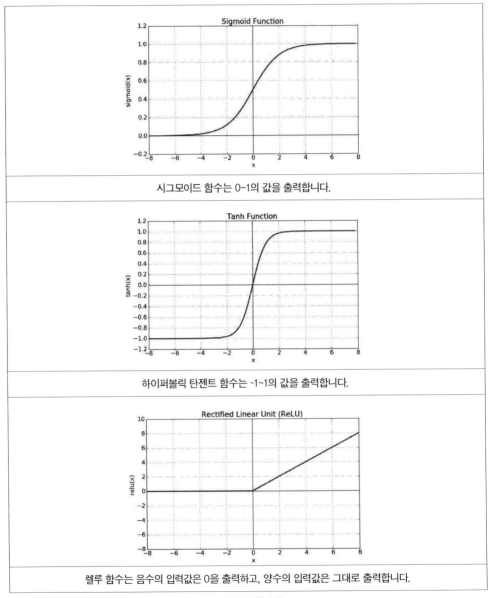

시그모이드 함수는 0~1의 값을 출력합니다.

하이퍼볼릭 탄젠트 함수는 -1~1의 값을 출력합니다.

렐루 함수는 음수의 입력값은 0을 출력하고, 양수의 입력값은 그대로 출력합니다.

3.2 활성화 함수들

〈그림 3.2〉의 활성화 함수는 뉴런의 출력을 결정하는 함수로, 주로 비선형 함수를 사용합니다. 대표적인 활성화 함수로는 시그모이드, 하이퍼볼릭 탄젠트, 렐루 등이 있습니다. 활성화 함수는 데이터의 형태나 목표 인공지능에 가장 적합한 것으로 선택하여 사용합니다.

이전층(Layer)의 결과값을 반환하여 다른 층 뉴런으로 신호를 전달하는 역할을 합니다.

1-4. 학습 알고리즘

역전파 알고리즘은 신경망이 학습하는 과정을 나타냅니다. 이 알고리즘은 출력의 오차를 역으로 전파하여 각 가중치를 조절하고, 이를 반복하여 모델을 최적화합니다. 역전파 알고리즘은 손실 함수를 최소화하는 방향으로 학습합니다.

역전파 알고리즘은 다음과 같은 과정을 수행합니다.

순전파(Forward Propagation): 입력 데이터가 신경망을 통과하면서 순전파가 이루어집니다. 입력은 각 층의 뉴런을 거치면서 출력을 생성하고, 최종적으로 예측값을 출력합니다.

손실 계산(Compute Loss): 순전파가 완료되면 예측값과 실제값 사이의 손실을 계산합니다. 손실 함수는 네트워크의 성능을 평가하며, 손실을 최소화하기 위해 역전파 알고리즘이 적용됩니다.

역전파(Backward Propagation): 역전파는 손실 함수의 기울기를 계산하는 과정입니다. 역전파는 뒤에서부터 앞으로 진행되며, 각 가중치와 편향에 대한 손실 함수의 편미분을 계산합니다.

가중치 업데이트(Weight Update): 계산된 기울기를 사용하여 각 가중치와 편향을 업

데이트합니다. 기울기 하강 최적화 알고리즘, 예를 들어, 경사하강법을 사용하여 가중치를 손실이 최소화되는 방향으로 수정합니다.

반복(Iterate): 위의 과정을 여러 번 반복하여 네트워크가 손실을 최소화하고, 데이터에 더 잘 적합되도록 만듭니다. 각 반복을 에포크(Epoch)라고 합니다.

$$\Delta w_i = \alpha\,(T - O)x_i$$
$$\alpha = 0.11$$

〈그림 3.1〉의 '중간 인공 뉴런 구조'에서 위 그림과 같은 간단한 식으로 역전파 알고리즘을 표현하였습니다. 가중치 변화값 델타를 구해서 가중치에 적용한 후에 새로운 가중치를 구하는 것입니다. 그리고 같은 방법으로 편향(세타)값도 조정됩니다. 이런 과정을 반복하는 것이 인공지능 학습이라고 합니다. 퍼셉트론을 참고하시기 바랍니다.

1-5. 손실 함수

손실 함수는 학습 모델의 예측이 실제값과 얼마나 차이 나는지를 측정합니다. 손실값(Loss)은 학습 과정에서 최소화되어야 합니다. 결과적으로 손실값을 최소화하는 가중치를 찾아야 하는 것입니다. 손실 함수는 학습률과 관계가 있습니다.

학습률은 가중치가 움직이는 거리(기울기)를 조절합니다. 학습률이 크

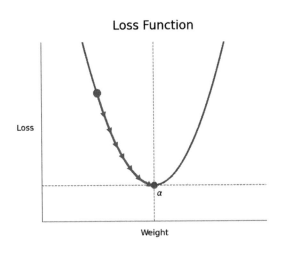

면 학습이 빠르게 진행되지만 정확하지 않을 수 있고, 학습률이 너무 적으면 학습이 매우 느리게 진행됩니다.

손실 함수는 성능 척도와는 다른 개념이며, 학습 모델의 학습이 얼마나 잘 되고 있는지를 평가하는 것이고, 성능 척도는 학습이 완성된 후 정확도나 F1 스코어 등으로 판정하게 됩니다.

손실 함수는 평균제곱오차(MSE) 혹은 평균절대오차(MAE)를 사용합니다. 수식은 아래와 같습니다.

$$MSE = \frac{1}{n}\sum_{i=1}^{n}\left(Y_i - \hat{Y}_i\right)^2 \quad MAE = \frac{1}{n}\sum_{i=1}^{n}\left|Y_i - \hat{Y}_i\right|$$

MSE는 예측값과 실제값 사이의 오차를 제곱하여 평균을 구한 것입니다. 주로 회귀 문제에 사용되며, 이상치에 민감할 수 있습니다.

MAE는 예측값과 실제값 사이의 오차의 절댓값에 대하여 평균을 구한 것입니다. 이상치에 상대적으로 덜 민감하며, 회귀 문제에 사용됩니다.

제곱이나 절댓값을 사용하는 것은 음수 오차로 인하여 값이 작아지는 것을 예방하기 위한 장치입니다. 이외에 교차 엔트로피 손실이나 힌지 손실 등이 사용되며, 특정 작업이나 학습 모델의 특성에 따라 선택하여 사용됩니다. 학습 모델은 손실 함수를 최소화하는 방향으로 학습합니다.

1-6. 신경망의 종류

1-6-1. 순방향 신경망(Feedforward Neural Network, FNN)

순방향 신경망은 노드 간의 연결이 순환을 형성하지 않는 인공 신경망입니다. 그래서 순환 신경망과 차이가 있습니다. 순방향 신경망은 고안된 인공 신경망의 가장 단순한 형태였습니다. 순방향 신경망에서 정보는 입력 노드로부터 출력 노드 방향으로 한 방향, 정방향으로만 움직이며, 숨겨진 노드가 있다면 이를 경유합니다. 네트워크 안에서 순환이나 루프는 존재하지 않습니다.

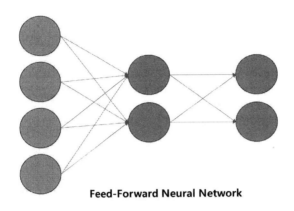

Feed-Forward Neural Network

3.3 순방향 신경망

1-6-2. 다층 퍼셉트론(Multi_Layer Perceptron, MLP)

다층 퍼셉트론은 여러 개의 은닉층을 가지 피드포워드 신경망입니다. 하나 이상의 은닉층을 추가함으로써 모델은 더 복잡한 패턴을 학습할 수 있습니다. 일반적으로 은닉층의 뉴런은 이전층의 모든 뉴런과 연결되어 있습니다.

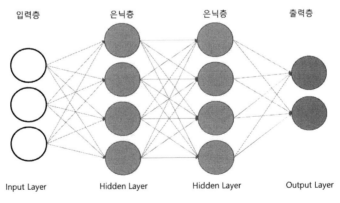

3.4 다층 퍼셉트론

1-6-3. 순환 신경망(Recurrent Neural Network, RNN)

순환 신경망은 순차적인 데이터와 시계열 데이터를 처리하는 데 특화되어 있습니다. 이 네트워크는 순환 구조를 가지며, 이전의 상태를 기억하고 현재의 입력값과 함께 고려합니다. 이를 통해서 시간적인 의존성을 학습할 수 있습니다. 순방향 신경망과는 달리 내부의 메모리를 이용해 순차적인 형태의 입력을 처리하기 용이합니다.

순환 신경망이라는 이름은 입력받는 신호의 길이가 한정되지 않는 동적 데이터를 처리한다는 점에서 붙여진 이름입니다. 순환 신경망은 추가적인 저장 공간을 가질 수 있으므로 시간의 지연 기능을 하거나 피드백 루프를 가질 수 있습니다.

예를 들어 "This is an apple"을 출력하도록 훈련한다면, 'This' 다음에 'is'가 나올 수 있도록 'is'를 훈련할 때, 이전 은닉층의 결과값인 'This'를 기억하도록 하는 방식입니다.

장단기 메모리 신경망(Long Short Term Memory, LSTM)은 순환 신경망의 한 종류로, 시퀀스 데이터에서 장기적인 의존성을 더 잘 캡처할 수 있도록 설계되었습니다. LSTM은 기본 RNN의 단점인 기울기 소멸 문제(Vanishing Gradient Problem)을 보완하며, 긴 시퀀스에서 정보를 오랫동안 기억할 수 있습니다.

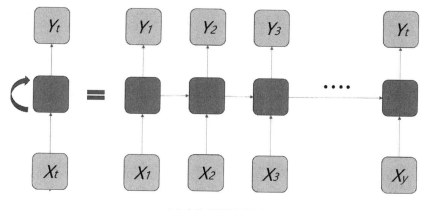

3.5 순환 신경망(LSTM)

1-6-4. 합성곱 신경망(Convolutional Neural Network, CNN)

합성곱 신경망은 주로 이미지 처리에 사용되는 신경망으로, 합성곱 층과 풀링 층을 사용하여 지역적인 패턴 및 공간적인 구조를 인식합니다. 필터링 기법을 인공 신경망에 적용하여 이미지를 효과적으로 처리할 수 있는 심층 신경망 기법입니다. 행렬로 표현된 필터의 각 요소가 데이터 처리에 적합하도록 자동으로 학습되는 과정을 통해 이미지를 분류하는 기법입니다. 데이터에서 계층적 패턴을 활용하고, 더 작고 간단한 패턴을 사용하여 더 복잡한 패턴을 표현하여 정규화 효과를 낼 수 있어서 완전 연결 네트워크에서 과적합을 예방하게 됩니다.

합성곱 신경망을 이용한 영상 분류는 다른 영상 분류 알고리즘에 비해 상대적으로 전처리를 거의 사용하지 않습니다. 신경망이 기존 알고리즘에서 수작업으로 제작된 필터를 학습한다는 것을 의미하기 때문입니다. 기존 영상 분류 알고리즘에서 설계자가 영상의 특징을 미리 이해하고 알고리즘을 만드는 과정이 없는 것이 합성곱 신경망의 장점입니다.

합성곱 신경망은 합성곱 층(Convolutional Layer)과 풀링 층(Pooling Layer), 완전하게 연결된 층(Fully Connected Layer)로 구성되며, 분류 연산이라는 행렬 곱 연산을 하게 됩니다.

예를 들면, 기존 사진 정보를 가진 신경망에 합성곱 층과 풀링 층을 완전하게 연결된 층 이전에 추가하여 원본 이미지에 필터링 기법을 적용합니다. 이어 해당 이미지에 분류 연산을 수행시킵니다. 이를 통해 합성곱 층이 이미지에 분류 연산이 하고자 하는 필터를 씌울 수 있습니다. 여기에서 다시 풀링 계층은 각 이미지의 국소적인 부분

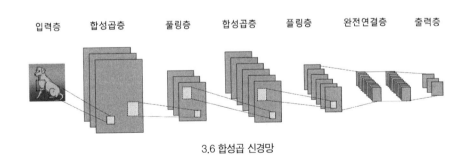

입력층　　합성곱층　　풀링층　　합성곱층　　풀링층　　완전연결층　　출력층

3.6 합성곱 신경망

을 하나의 대표적인 스칼라값으로 변환하여 행렬곱 연산으로 인해 커진 이미지 크기를 줄이는 등의 기능을 수행합니다.

1-6-5. 생성적 적대 신경망(Generative Adversarial Network, GAN)

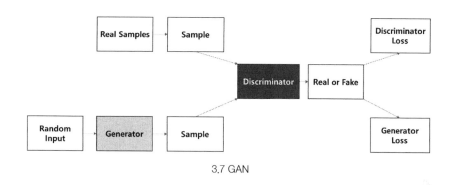

3.7 GAN

GAN은 생성 모델 중 하나로, 생성자와 판별자라는 두 부분으로 구성되어 있습니다. 생성자는 실제 데이터와 유사한 가짜 데이터를 생성하려고 하고, 판별자는 이 둘을 구별하려고 노력합니다. 이를 통해 학습 모델은 점진적으로 실제 데이터와 유사한 결과를 생성하게 됩니다.

1-6-6. 트랜스포머(Transformer)

트랜스포머는 자연어 처리 학습 모델에 이용되는 대표적인 알고리즘입니다. 트랜스포머는 기존의 순환 신경망(RNN)이나 장단기 메모리(LSTM) 등과 달리 셀프 어텐션(Self-Attention) 메커니즘을 사용하여 시퀀스 데이터를 처리합니다. 이로 인해 긴 시퀀스에 대한 의존성을 효과적으로 학습하고, 멀티헤드 어텐션을 이용하여 병렬 처리가 가능하며, 효율적인 훈련이 가능해집니다. 병렬 처리를 위해 단어의 위치를 표현해야 하는데, 이 표현을 Positional Encoding으로 처리합니다.

트랜스포머는 인코더와 디코더로 기능이 분리되어 있으며, Transformer의 Encoding 기능을 주로 사용하는 BERT(Bidirectional Encoder Representation from Transformer)와 Decoding 기능을 주로 사용하는 GPT(Generative Pre-trained Transformer)가 대표적입니다.

트랜스포머의 등장은 자연어 처리 분야에서 혁신적인 발전을 가져왔으며, 이후 다양한 분야에서도 활용되고 있습니다.

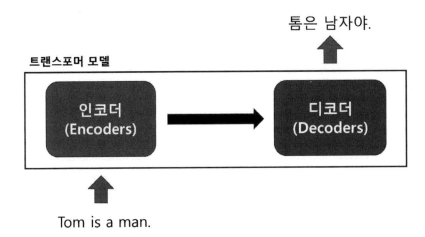

3.8 트랜스포머

2 퍼셉트론

초기 인공 신경망의 한 종류로, 프랑크 로젠블라트(Frank Rosenblatt)가 1957년 고안
하였으며, 가장 간단한 형태의 피드포워드 네트워크, 선형 분류기입니다.

초기 신경망 연구에 커다란 영향을 미친 퍼셉트론은 수용층, 연합층, 반응층의 세
부분으로 구성되어 있습니다.

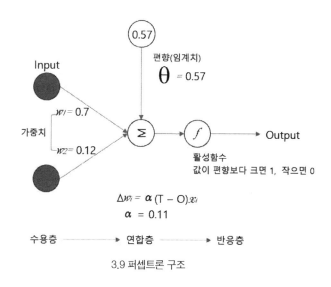

3.9 퍼셉트론 구조

수용층에서는 외부 자극을 받아들이고, 연합층은 수용층의 가중 입력을 받아 반응
층으로 전달하는 기능을 담당하며, 반응층은 최종 출력을 보내는 기능을 합니다. 특
히 퍼셉트론은 정확한 연결 강도에 수렴한다고 입증되었고, 인지가 가능하다는 관점에
서 상당한 관심을 모았습니다. 그러나 AND, OR 등 선형 분리가 가능한 문제의 해결
에만 사용될 수 있었습니다.

기호주의 AI의 리더였던 민스키와 패퍼트는 1969년 『퍼셉트론』이라는 저서에서 퍼셉트론의 한계를 지적하였습니다. 비선형 문제나 XOR와 같은 문제를 초기 퍼셉트론 구조로는 해결할 수 없는 기술적인 문제가 있었기 때문입니다. 그리고 이들은 인공지능 연구자들이 퍼셉트론 연구로 몰려가는 것이 두려워서 단순히 과학적 반대만이 아니라 인공지능 연구의 주도권을 놓고 연결주의 진영과 정치적 경쟁을 했다는 평가도 있습니다. 이러한 논쟁조차도 신경망 이론에 중요한 기여를 했습니다.

2-1. 퍼셉트론: AND 문제

단층 퍼셉트론으로 AND의 문제를 해결하는 과정입니다. 입력값은 아래와 같습니다.

데이터 세트(AND 함수)		
I1(입력값 1)	I2(입력값 2)	T(정답)
1	1	1
1	0	0
0	1	0
0	0	0

W1(가중치 1)	W2(가중치 2)	편향	Alpha
0.7	0.12	0.57	0.11

가중치, 편향, 알파 값은 하이퍼 파라메터로 사용자가 정할 수 있는 값입니다. 위의 값은 실습을 위해 제가 임의로 정한 값입니다.

2-2. 퍼셉트론: AND 문제 해결 과정

epoch	입력값 (수용층)	가중치 적용	합계(연합층)	활성화함수 if O > 편향 then 1 else 0	출력(반응층)
1	i1 = 1 i2 = 1	1 x 0.7 1 x 0.12	0.7 + 0.12 = 0.82	0.82 > 0.57 -> 1	O : 1 T : 1
	i1 = 1 i2 = 0	1 x 0.7 0 x 0.12	0.7 + 0 = 0.7	0.7 > 0.57 -> 1	O : 1 T : 0
	위 과정에서 출력값(O)과 실제값(T)이 서로 다릅니다. 그래서 가중치를 조정하는 작업을 합니다. 가중치 조정작업에 Alpha값이 적용됩니다. 가중치의 조정값(델타값) = Alpha(T - O) x 입력값으로 계산됩니다. W1의 조정값 : 0.11(0 - 1) x 1 = -0.11 --> 새로운 W1값 = 0.7 - 0.11 = 0.59 W2의 조정값 : 0.11(0 - 1) x 0 = 0 --> W2는 조정되지 않습니다. 편향 조정 : 0.11(0 - 1) = - 0.11 --> 새로운 편향 = 0.57 - 0.11 = 0.46					
	i1 = 1 i2 = 0	1 x 0.59 0 x 0.12	0.59 + 0 = 0.59	0.59 > 0.46 -> 1	O : 1 T : 0
	2.1의 과정 적용 입력값이 (0,1)임으로 W2 = 0.12 - 0.11 = 0.01 편향 = 0.46 - 0.11 = 0.35					
	i1 = 0 i2 = 1	0 x 0.59 1 x 0.01	0 + 0.01 = 0.01	0.01 > 0.35 -> 0	O : 0 T : 0
	i1 = 0 i2 = 0	0 x 0.59 0 x 0.01	0 + 0 = 0	0 > 0.24 -> 0	O : 0 T : 0
2	Epoch 2에서의 변화 inputs [1 1] weights [0.59 0.01] bias 0.24 O : 1 T : 1 inputs [1 0] weights [0.48 0.01] bias 0.13 O : 1 T : 0 inputs [0 1] weights [0.48 -0.1] bias 0.02 O : 1 T : 0 inputs [0 0] weights [0.48 -0.1] bias -0.09 O : 1 T : 0					
3	Epoch 3에서의 변화 inputs [1 1] weights [0.48 -0.1] bias -0.09 O : 1 inputs [1 0] weights [0.37 -0.1] bias -0.2 O : 1 inputs [0 1] weights [0.37 -0.1] bias -0.2 O : 0 inputs [0 0] weights [0.37 -0.1] bias -0.2 O : 0					
4	inputs [1 1] weights [0.37 -0.1] bias -0.2 O : 1 inputs [1 0] weights [0.26 -0.1] bias -0.31 O : 1 inputs [0 1] weights [0.26 -0.1] bias -0.31 O : 0 inputs [0 0] weights [0.26 -0.1] bias -0.31 O : 0					
5	inputs [1 1] weights [0.37 0.01] bias -0.2 O : 0 inputs [1 0] weights [0.26 0.01] bias -0.31 O : 1 inputs [0 1] weights [0.26 0.01] bias -0.31 O : 0 inputs [0 0] weights [0.26 0.01] bias -0.31 O : 0					

6	inputs [1 1] weights [0.37 0.12] bias -0.2 O : 0 inputs [1 0] weights [0.26 0.12] bias -0.31 O : 1 inputs [0 1] weights [0.26 0.12] bias -0.31 O : 0 inputs [0 0] weights [0.26 0.12] bias -0.31 O : 0
7	inputs [1 1] weights [0.26 0.12] bias -0.31 O : 1 T : 1 inputs [1 0] weights [0.26 0.12] bias -0.31 O : 0 T : 0 inputs [0 1] weights [0.26 0.12] bias -0.31 O : 0 T : 0 inputs [0 0] weights [0.26 0.12] bias -0.31 O : 0 T : 0

17. 퍼셉트론 AND 문제 코드

```python
import numpy as np


# 퍼셉트론 클래스 정의
class Perceptron:
    def __init__(self, input_size):
        # 가중치와 편향 초기화
        #self.weights = np.random.rand(input_size)
        #self.bias = np.random.rand()
        self.weights = [0.7, 0.12]
        self.bias = 0.57


    def predict(self, inputs):
        # 퍼셉트론의 예측값 계산 (Step 함수 사용)
        weighted_sum = np.dot(inputs, self.weights) + self.bias
        return 1 if weighted_sum >= 0 else 0


    def train(self, training_data, epochs=10, learning_rate=0.11):
        for epoch in range(epochs):
            for inputs, target in training_data:
                # 예측값 계산
```

```python
            prediction = self.predict(inputs)
            # 가중치 업데이트
                self.weights += learning_rate * (target - prediction) *
inputs

            # 편향 업데이트
            self.bias += learning_rate * (target - prediction)

                print("inputs",inputs,"weights", self.weights,"bias", self.
bias,"Output", prediction)

# AND 문제에 대한 훈련 데이터
training_data = [
    (np.array([1, 1]), 1),
    (np.array([1, 0]), 0),
    (np.array([0, 1]), 0),
    (np.array([0, 0]), 0)
]


# 단층 퍼셉트론 생성 및 훈련
input_size = len(training_data[0][0])
perceptron = Perceptron(input_size)
perceptron.train(training_data)


# 테스트
test_data = [
    np.array([0, 0]),
    np.array([0, 1]),
    np.array([1, 0]),
```

```
    np.array([1, 1])
]

for test_input in test_data:
    prediction = perceptron.predict(test_input)
    print(f"Input: {test_input}, Prediction: {prediction}")

#임의값으로 예측
perceptron.predict([1,1])
```

단층 퍼셉트론으로 AND 문제를 해결하는 과정을 설명하였습니다. OR 문제는 같은 방법으로 직접 계산해 보시기 바랍니다.

위 예제 코드에서 훈련 데이터만 OR로 수정하면 쉽게 만들 수 있습니다.

학습이 완료된 후의 가중치와 편향 값입니다.

W1(가중치 1)	W2(가중치 2)	편향	Alpha
0.26	0.12	-0.31	0.11

데이터 세트(OR 함수)		
I1(입력값 1)	I2(입력값 2)	T(정답)
1	1	1
1	0	1
0	1	1
0	0	0

단층 퍼셉트론으로 해결할 수 없었던 XOR나 비선형 문제는 은닉층을 추가하여 다층 퍼셉트론을 만들어 해결할 수 있었습니다. 그 결과로 퍼셉트론이 여러 개 연결된 심층 신경망이 가능해집니다.

3 심층 신경망 - 딥러닝

심층 신경망은 비선형 변환기법의 조합을 통해 높은 수준의 추상화를 시도하는 기계학습 알고리즘으로 정의되며, 사람의 사고방식을 컴퓨터에게 가르치는 기계학습의 한 분야입니다.

심층 신경망(Deep Neural Network, DNN)은 여러 개의 은닉층을 가진 신경망 구조로, 입력층, 여러 개의 은닉층, 출력층으로 이루어져 있습니다. 층(Layer)은 각각의 뉴런으로 구성되며, 이러한 다층 구조를 통해 모델은 데이터의 특징 및 패턴을 학습할 수 있습니다. 심층 신경망은 딥러닝이라고 불리며, 대표적인 딥러닝 구조로 사용됩니다.

다수의 은닉층을 가진 신경망은 기본적인 단일 은닉층을 가진 다층 퍼셉트론을 발전시킨 것입니다. 은닉층을 구성하고 있는 여러 뉴런은 이전 층의 모든 뉴런과 연결되어 있고, 가중치를 가지고 있습니다. 은닉층이 많으면 모델의 표현력이 향상되어 복잡한 문제에 대한 학습이 가능합니다.

다층 구조를 가진 DNN의 학습은 역전파(Back Propagation) 알고리즘을 사용하여 출력층에서 입력층으로, 오차를 역으로 전환하여 각 층의 가중치와 편향을 조정합니다. 이 과정이 반복되면서 학습 모델은 주어진 데이터에 대해 최적화된 가중치와 편향을 학습하게 됩니다.

DNN은 주로 이미지 분류, 음성 인식, 자연어 처리 등 다양한 분야에서 사용되며, 특히 딥러닝의 발전과 함께 컴퓨터 비전, 자연어 처리 등의 복잡한 작업에서 높은 성능을 보이고 있습니다. DNN의 성공은 데이터 표현을 자동으로 학습하는 능력과 컴퓨터 성능 향상, 대량의 데이터 세트 확보 등 다양한 요인이 있습니다.

딥러닝은 인공 신경망에 기반하여 설계된 개념으로, 1957년 로젠블릿이 퍼셉트론을 소개하는 것으로 시작되었다고 볼 수 있으나, 실제 환경에 사용되기 시작한 것은 1995년에 제프리 힌튼이 역전파 알고리즘을 소개하면서부터라고 보는 것이 합리적입니다.

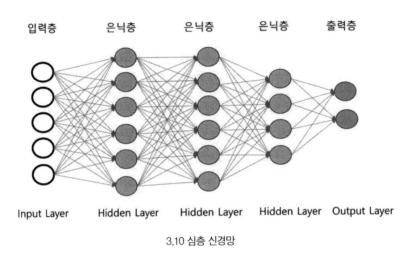

3.10 심층 신경망

딥러닝이 주목받는 이유는 초기 인공 신경망 모델의 단점이 역전파 알고리즘에 의해서 해결되었고, 하드웨어의 발전으로 인하여 학습 시간이 크게 단축된 점 그리고 학습에 필요한 다량의 데이터 세트가 원활하게 확보될 수 있다는 점입니다.

심층 신경망이 갖고 있는 문제점으로는 과적합이 발생할 수 있고, 하이퍼 파라메터라 불리는 개발자에 의해 지정되는 변수에 의해서 조절되므로 초기 개발할 때 많은 시행착오가 발생할 수 있다는 것입니다.

아래 예제는 MNIST 데이터로, 앞서 이미 예제 프로그램에서 사용했던 데이터 세트입니다. 손글씨 숫자 이미지를 해당 숫자로 분류하는 간단한 심층 신경망 프로그램입니다. 라벨링은 [0,0,1,0,0,0,0,0,0,0]이라고 표시되면, 숫자 2를 의미하도록 되었습니다.

```
import tensorflow as tf

from tensorflow.keras import layers, models

from tensorflow.keras.datasets import mnist

import matplotlib.pyplot as plt


# MNIST 데이터 로드 및 전처리

(train_images, train_labels), (test_images1, test_labels) = mnist.load_
data()

train_images = train_images.reshape((60000, 28 * 28)).astype('float32') /
255

test_images = test_images1.reshape((10000, 28 * 28)).astype('float32') / 255


train_labels = tf.keras.utils.to_categorical(train_labels)

test_labels = tf.keras.utils.to_categorical(test_labels)


# DNN 모델 구성

model = models.Sequential()

model.add(layers.Dense(512, activation='relu', input_shape=(28 * 28,)))

model.add(layers.Dropout(0.5))

model.add(layers.Dense(256, activation='relu'))

model.add(layers.Dropout(0.5))

model.add(layers.Dense(10, activation='softmax'))


# 모델 컴파일

model.compile(optimizer='adam',

            loss='categorical_crossentropy',
```

```
                metrics=['accuracy'])
```

모델 요약 출력
```
model.summary()
```

모델 훈련
```
history = model.fit(train_images, train_labels, epochs=10, batch_size=64,
validation_split=0.2)
```

정확도 및 손실 시각화
```
plt.plot(history.history['accuracy'], label='Training Accuracy')
plt.plot(history.history['val_accuracy'], label='Validation Accuracy')
plt.title('Training and Validation Accuracy')
plt.xlabel('Epoch')
plt.ylabel('Accuracy')
plt.legend()
plt.show()

plt.plot(history.history['loss'], label='Training Loss')
plt.plot(history.history['val_loss'], label='Validation Loss')
plt.title('Training and Validation Loss')
plt.xlabel('Epoch')
plt.ylabel('Loss')
plt.legend()
plt.show()
```

모델 평가
```
test_loss, test_acc = model.evaluate(test_images, test_labels)
```

```
print(f'Test accuracy: {test_acc}')
```

Model: "sequential_1"

Layer (type)	Output Shape	Param #
dense_3 (Dense)	(None, 512)	401920
dropout_2 (Dropout)	(None, 512)	0
dense_4 (Dense)	(None, 256)	131328
dropout_3 (Dropout)	(None, 256)	0
dense_5 (Dense)	(None, 10)	2570

Total params: 535818 (2.04 MB)

Trainable params: 535818 (2.04 MB)

Non-trainable params: 0 (0.00 Byte)

Epoch 1/10

750/750 [==============================] - 18s 22ms/step - loss: 0.3813 - accuracy: 0.8851 - val_loss: 0.1316 - val_accuracy: 0.9605

Epoch 2/10

......

Epoch 9/10

750/750 [==============================] - 16s 21ms/step - loss: 0.0809 - accuracy: 0.9751 - val_loss: 0.0821 - val_accuracy: 0.9778

Epoch 10/10

750/750 [==============================] - 17s 22ms/step - loss: 0.0798 -

accuracy: 0.9756 - val_loss: 0.0765 - val_accuracy: 0.9787

시각화 출력

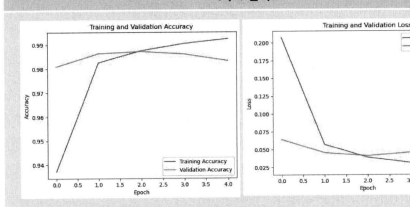

정확도와 손실 함수가 Epoch가 증가함에 따라 변화하는 모양입니다.

Test 이미지 시각화 코드

```
import numpy as np
predict = model.predict(test_images)
print("test Labels :\n",test_labels[:10])
print("Predictions :\n",np.argmax(predict[:10], axis=1))
# 0 - 9까지 10개의 이미지를 주어, 예측한 결과를 출력합니다.
```

test Labels :
 [[0. 0. 0. 0. 0. 0. 0. 1. 0. 0.]
 [0. 0. 1. 0. 0. 0. 0. 0. 0. 0.]
 [0. 1. 0. 0. 0. 0. 0. 0. 0. 0.]
 [1. 0. 0. 0. 0. 0. 0. 0. 0. 0.]
 [0. 0. 0. 0. 1. 0. 0. 0. 0. 0.]
 [0. 1. 0. 0. 0. 0. 0. 0. 0. 0.]
 [0. 0. 0. 0. 1. 0. 0. 0. 0. 0.]

```
[0. 0. 0. 0. 0. 0. 0. 0. 0. 1.]
 [0. 0. 0. 0. 0. 1. 0. 0. 0. 0.]
 [0. 0. 0. 0. 0. 0. 0. 0. 0. 1.]]
```
Predictions :
```
[7 2 1 0 4 1 4 9 5 9]
```
#라벨링은 해당 숫자가 있는 곳에 1로 라벨링을 하였고, 예측값은 숫자로 변경했습니다.

```
i=7
plt.imshow(test_images1[i])
plt.title(np.argmax(predict[i:i+1], axis=1))
plt.show()
```
해당되는 인덱스에 있는 이미지와 인식된 이미지의 숫자를 표시합니다.

test_image 7번에 있는 그림이며, 예측된 이미지의 숫자는 9입니다.

i 값을 변경하면서 테스트할 수 있습니다.

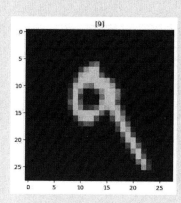

4 CNN
(Convolutional Neural Network, 합성곱 신경망)

CNN은 다층의 피드포워드 구조를 갖는 인공 신경망입니다. 필터링 기법을 인공 신경망에 적용하여 이미지 등 시각적인 자료를 효과적으로 처리할 수 있는 심층 신경망 기법으로, 행렬로 표현된 필터의 각 요소가 데이터 처리에 적합하도록 자동으로 학습되는 과정을 통해서 이미지를 분류하는 기법입니다.

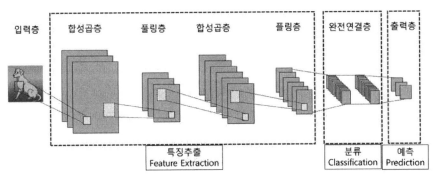

3.11 합성곱 신경망 구조

CNN은 합성곱 층(Convolution Layer), 풀링 층(Pooling Layer), 완전하게 연결된 층(Fully Connected Layer)로 구성되며, 분류 연산이라는 행렬곱 연산을 수행합니다.

합성곱 층에서는 특징 추출 기능을 수행하며, 특징 맵(Feature Map)을 만듭니다.

완전 연결 층에서는 추출된 특징을 기반으로 분류를 수행합니다. 출력 층에서는 분류된 결과를 출력하는 기능을 수행합니다.

합성곱 층(Convolutional Layer):

CNN의 핵심 요소 중의 하나로 이미지에 대한 필터(커널)을 이용하여 지역적인 특징을 감지하는 역할을 합니다. 필터는 입력 이미지를 지나가면서, 특징 맵(Feature Map)을 생성합니다. 이를 통해 모델은 이미지의 시각적인 패턴을 학습하게 됩니다.

풀링 층(Pooling Layer):

풀링은 공간 크기를 줄이고 계산량을 감소하기 위해 사용합니다. 맥스 풀링(max pooling)이나 평균 풀링(average pooling)이 사용되며, 각 영역에서 가장 큰 값 또는 평균값을 추출하여 다음 층으로 전달합니다.

스트라이드(Stride):

스트라이드는 필터가 입력 데이터를 얼마나 건너뛰며 이동할지를 결정하는 값입니다. 작은 스트라이드는 많은 겹침이 생길 수 있고, 큰 스트라이드는 적은 겹침이 생깁니다. 이 값을 조절하여 특징 맵의 공간적 크기를 조절할 수 있습니다.

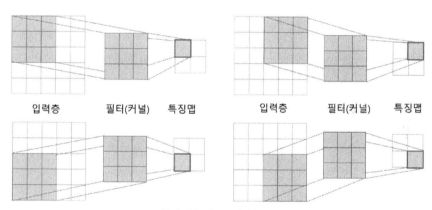

입력층   필터(커널)   특징맵   입력층   필터(커널)   특징맵

3.12 특징 맵을 만드는 과정(Stride = 2)

완전 연결 층(Fully Connected Layer):

CNN의 마지막 부분에 완전 연결 층이 있습니다. 이 층은 이전의 합성곱 층과 풀링 층에서 추출된 특징을 기반으로 최종 결정을 내리는 역할을 합니다.

활성화 함수(Activation Function):

각 합성곱 층과 완전 연결 층에서는 활성화 함수가 사용됩니다. 주로 ReLU(Rectified

Linear Unit) 함수가 사용되며, 음수 입력을 0으로 변환하여 비선형성을 도입합니다.

19. CNN 예제

```
import tensorflow as tf
from tensorflow.keras import layers, models
from tensorflow.keras.datasets import mnist
from tensorflow.keras.utils import to_categorical
import matplotlib.pyplot as plt


# MNIST 데이터 로드 및 전처리
(train_images1, train_labels), (test_images1, test_labels) = mnist.load_
data()
train_images = train_images1.reshape((60000, 28, 28, 1)).astype('float32') /
255
test_images = test_images1.reshape((10000, 28, 28, 1)).astype('float32') /
255


train_labels = to_categorical(train_labels)
test_labels = to_categorical(test_labels)


# CNN 모델 구성
model = models.Sequential()
model.add(layers.Conv2D(32, (3, 3), activation='relu', input_shape=(28, 28,
1)))
model.add(layers.MaxPooling2D((2, 2)))
model.add(layers.Conv2D(64, (3, 3), activation='relu'))
model.add(layers.MaxPooling2D((2, 2)))
```

```python
model.add(layers.Conv2D(64, (3, 3), activation='relu'))
model.add(layers.Flatten())
model.add(layers.Dense(64, activation='relu'))
model.add(layers.Dense(10, activation='softmax'))


# 모델 컴파일
model.compile(optimizer='adam',
              loss='categorical_crossentropy',
              metrics=['accuracy'])


# 모델 훈련
history = model.fit(train_images, train_labels, epochs=5, batch_size=64,
validation_split=0.2)


# 모델 평가
test_loss, test_acc = model.evaluate(test_images, test_labels)
print(f'Test accuracy: {test_acc}')
```

결과 출력

```
Epoch 1/5
750/750 [==============================] - 64s 84ms/step - loss: 0.2072 -
accuracy: 0.9371 - val_loss: 0.0643 - val_accuracy: 0.9809
Epoch 2/5
750/750 [==============================] - 65s 87ms/step - loss: 0.0571 -
accuracy: 0.9825 - val_loss: 0.0454 - val_accuracy: 0.9863
.....
Epoch 5/5
```

```
750/750 [==============================] - 87s 116ms/step - loss: 0.0240 -
accuracy: 0.9924 - val_loss: 0.0532 - val_accuracy: 0.9833
313/313 [==============================] - 4s 13ms/step - loss: 0.0446 -

accuracy: 0.9859
Test accuracy: 0.9858999848365784
```

시각화 출력

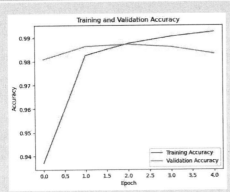 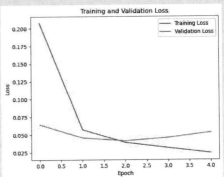

정확도와 손실 함수가 Epoch가 증가함에 따라 변화하는 모양입니다.

Test 이미지 시각화 코드

```python
import numpy as np
predict = model.predict(test_images)
print("test Labels :\n",test_labels[:10])
print("Predictions :\n",np.argmax(predict[:10], axis=1))
# 0-9까지 10개의 이미지를 주어, 예측한 결과를 출력합니다.
test Labels :
 [[0. 0. 0. 0. 0. 0. 0. 1. 0. 0.]
 [0. 0. 1. 0. 0. 0. 0. 0. 0. 0.]
```

```
[0. 1. 0. 0. 0. 0. 0. 0. 0. 0.]

[1. 0. 0. 0. 0. 0. 0. 0. 0. 0.]

[0. 0. 0. 0. 1. 0. 0. 0. 0. 0.]

[0. 1. 0. 0. 0. 0. 0. 0. 0. 0.]

[0. 0. 0. 0. 1. 0. 0. 0. 0. 0.]

[0. 0. 0. 0. 0. 0. 0. 0. 0. 1.]

[0. 0. 0. 0. 0. 1. 0. 0. 0. 0.]

[0. 0. 0. 0. 0. 0. 0. 0. 0. 1.]]
```
Predictions :

[7 2 1 0 4 1 4 9 5 9]

#라벨링은 해당 숫자가 있는 곳에 1로 라벨링을 하였고, 예측값은 숫자로 변경했습니다.

```
i=7

plt.imshow(test_images1[i])

plt.title(np.argmax(predict[i:i+1], axis=1))

plt.show()
```
해당되는 인덱스에 있는 이미지와 인식된 이미지의 숫자를 표시합니다.

test_image 7번에 있는 그림이며, 예측된 이미지의 숫자는 9입니다.

i 값을 변경하면서 테스트할 수 있습니다.

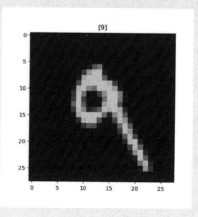

CNN과 DNN은 같은 데이터 세트를 사용하여 예제 프로그램을 만들었습니다. 모델 구성 부분에 'Conv2D'라는 함수로 CNN을 구성한 것이 CNN 예제이고, DNN은 다층 퍼셉트론으로 완전히 연결된 구조를 갖도록 했습니다.

DNN과 CNN은 패턴 인식에도 차이가 있습니다. DNN은 주로 벡터 형태의 데이터를 다루며 연속적인 특징을 추출하는 반면에, CNN은 2D 혹은 3D의 지역적인 패턴을 감지하는 데 특화되어 있습니다. 합성곱 층이 지역적 특징을 감지하고, 풀링 층이 공간적인 크기를 줄여서 전역적인 패턴을 학습합니다.

DNN은 각각의 가중치가 독립적으로 학습됩니다. CNN은 합성곱 층에서 가중치가 입력 이미지 전체에 대해 공유되는 특징을 갖습니다. 가중치가 공유됨으로 모델 파라미터의 수를 줄이는 효과를 가져옵니다.

처리되는 속도 등을 비교해 보시기 바랍니다.

5 RNN
(Recurrent Neural Network, 순환 신경망)

RNN(Recurrent Neural Network)은 순차적인 데이터나 시계열 데이터를 모델링 하는데 사용되는 인공 신경망입니다. RNN은 순환적인 구조를 갖고 있어서 이전의 정보를 기억하고 현재의 입력에 대한 출력을 생성합니다.

RNN은 이전의 상태를 기억하기 위하여 각 타임 스텝(Time Step)에서 은닉 상태(Hidden State)를 관리합니다. 은닉 상태는 이전 타임 스텝의 출력이 새로운 입력에 영향을 주는 메커니즘을 수행합니다.

RNN은 시퀀스의 각 타임 스텝에서 동일한 가중치를 공유합니다. 이는 네트워크가 시퀀스에서 학습한 패턴을 다음 타임 스텝에서 재사용할 수 있습니다.

RNN은 장기 의존성(Long-Term Dependencies)를 처리하기 어렵다는 문제가 있습니다. 이를 해결하기 위해 LSTM(Long Short-Term Memory)과 같은 향상된 셀 구조가 도입되었습니다. LSTM은 게이트 메커니즘을 이용하여 정보의 흐름을 제어하고 장기 의존성을 유지하게 합니다.

양방향 RNN(Bidirectional RNN)은 입력 시퀀스를 양쪽 방향으로 처리하여 과거와 미래의 정보를 모두 활용할 수 있습니다.

RNN은 순차적인 데이터 처리에 적합하기 때문에 자연어 처리, 음성 인식, 시계열 데이터 분석, 순차적인 데이터 생성 등에 사용될 수 있습니다. 문장 및 문서를 분류하거나, 기계 번역, 감성 분석, 음성 명령 인식, 주가 예측, 생산량 예측, 음악 생성, 텍스트 생성 등에 사용되고 있습니다.

```python
import numpy as np

import tensorflow as tf

from tensorflow.keras.preprocessing.text import Tokenizer

from tensorflow.keras.preprocessing.sequence import pad_sequences

from sklearn.model_selection import train_test_split


# 예제 텍스트 데이터 생성

texts = ["This is a positive sentence.",

        "I love natural language processing.",

        "Negative sentiment is not good.",

        "RNNs are powerful for sequence modeling.",

        "Today's dinner is very good.",

        "My yesterday golf scores were bad.",

        "The political news are not positive.",

        "He feels lonely.",

        "She is very sensitive.",

        "All of my friends are going to get jobs."

        ]


labels = [1, 1, 0, 1, 1, 0, 0, 0, 1, 1]  # 1: Positive, 0: Negative


# 텍스트 데이터를 토큰화하고 시퀀스로 변환

tokenizer = Tokenizer()

tokenizer.fit_on_texts(texts)

sequences = tokenizer.texts_to_sequences(texts)
```

```python
# 시퀀스를 패딩하여 길이를 맞춤
padded_sequences = pad_sequences(sequences)

# 데이터를 학습 및 테스트 세트로 분할
X_train, X_test, y_train, y_test = train_test_split(padded_sequences,
labels, test_size=0.2, random_state=42)

# y_train을 넘파이 배열로 변환
y_train = np.array(y_train)

# RNN 모델 정의
model = tf.keras.Sequential([
    tf.keras.layers.Embedding(input_dim=len(tokenizer.word_index) + 1,
output_dim=16, input_length=padded_sequences.shape[1]),
    tf.keras.layers.SimpleRNN(units=8),
    tf.keras.layers.Dense(units=1, activation='sigmoid')
])

model.compile(optimizer='adam', loss='binary_crossentropy',
metrics=['accuracy'])

# 모델 훈련
model.fit(X_train, y_train, epochs=20, batch_size=2)

# 모델 평가
y_test = np.array(y_test)
loss, accuracy = model.evaluate(X_test, y_test)
print(f'Test Loss: {loss:.4f}, Test Accuracy: {accuracy:.4f}')
```

임의의 문장을 주고 분류해 보기

```
# 텍스트 예측
texts_to_predict = ["The dinner was very good.", "I don't like this at
all."]
sequences_to_predict = tokenizer.texts_to_sequences(texts_to_predict)
padded_sequences_to_predict = pad_sequences(sequences_to_predict,
maxlen=padded_sequences.shape[1])


# 모델 예측
predictions = model.predict(padded_sequences_to_predict)
# 결과 출력
for text, prediction in zip(texts_to_predict, predictions):
    sentiment = "Positive" if prediction > 0.5 else "Negative"
      print(f'Text: {text} | Sentiment: {sentiment} | Probability:
{prediction[0]:.4f}')
```

예측 결과 출력

```
1/1 [==============================] - 0s 21ms/step
Text: The dinner was very good. | Sentiment: Positive | Probability: 0.5558
Text: I don't like this at all. | Sentiment: Negative | Probability: 0.4596
```

위의 예제는 RNN을 사용하여 10개 문장에 대해서 긍정, 부정에 대한 라벨링을 한 후에 학습 모델을 만들고, 임의의 문장을 주어 예측을 해 보는 과정입니다.

훈련 데이터 세트가 10개라서 정확도가 높지는 않습니다, 예측 부분에 있는 문장의 단어를 변경해 가면서 테스트를 해 보시기 바랍니다. 그리고 훈련에 사용되는 문장을 추가하여 정확도가 높아지는 것을 확인해 보시기 바랍니다.

트랜스포머는 자연어 처리 및 기계 번역과 같은 인공지능 작업에서 사용되는 혁신적인 딥러닝 아키텍처입니다. 2017년 발표된 「Attention is All you need」라는 논문에서 소개되었습니다. RNN과 구별되는 트랜스포머가 갖고 있는 특징은 다음과 같습니다.

Self-Attention(Scaled Dot-Product Attention):

트랜스포머의 핵심은 Self-Attention 메커니즘입니다. 입력 시퀀스의 각 요소는 다른 모든 요소와 상호 작용하고, 그 중요도는 가중치로 결정됩니다. 이 가중치는 유사도를 계산하여 결정하는데, 이를 Scaled Dot-Product Attention이라고 부릅니다.

어텐션 메커니즘은 주로 기계 번역에서 문맥을 파악하거나, 질문 응답에서 중요한 정보에 초점을 맞추는 등의 작업에 사용됩니다. Self-Attention은 입력 시퀀스의 임의의 위치 간 상호 작용을 허용하여, 긴 범위의 의존성을 캡처하는 데 효과적입니다.

어텐션은 입력의 특정 부분에 집중하도록 하는 방법입니다. 트랜스포머의 Self-Attention은 특히 강력하고 유연한 어텐션이 형태입니다.

• Query, Key, Value
  Query(Q)는 어떤 위치에 주의를 기울일 것인지에 대한 정보를 갖고 있는 벡터입니다.
  Key(K)는 주어진 위치의 중요도를 나타내는 벡터입니다.
  Value(V)는 입력 시퀀스에서 실제 정보를 포함하는 벡터입니다.

- 유사도 계산

  Query(Q)와 Key(K) 간의 내적을 계산하여 유사도를 얻고, 내적 결과는 스케일링 된 값으로 정규화됩니다. 유사도가 높을수록 해당 위치의 정보에 높은 가중치가 부여됩니다.

- 가중합 계산

  유사도에 따라 Value(V)에 가중치를 부여하여 가중합을 계산합니다. 이러한 가중합이 해당 위치의 정보를 요약한 벡터가 됩니다.

- 결과 얻기

  계산된 가중합 벡터가 Self-Attention 메커니즘의 출력으로 사용됩니다. 이렇게 함으로써 입력 시퀀스의 각 위치에 대한 주의를 기반으로 한 표현이 생성됩니다.

Multi-Head Attention:

단일 어텐션 헤드는 데이터 세트가 복잡할 경우, 모든 정보를 잡아내는 것이 어려울 수 있습니다. 그래서 트랜스포머는 여러 어텐션 헤드를 사용하여 다양한 관점에서 정보를 수집합니다. 각 헤드의 결과는 결합되어 최종 출력을 생성합니다.

여러 개의 헤드로 나누면 병렬 계산이 가능하여 다양한 특징을 잡아낼 수 있습니다. 각 헤드는 서로 다른 학습된 가중치를 사용하여 각기 다른 관점에서 주의를 기울입니다. 이와 같은 다양성은 모델이 여러 종류의 패턴과 관계를 학습할 수 있도록 합니다.

Positional Encoding:

트랜스포머는 순서 정보를 고려하지 않기 때문에, 입력 순서 정보를 전달하기 위해 위치 인코딩을 합니다. 위치 인코딩은 각 단어의 상대적인 위치에 대한 정보를 임베딩에 추가하는 방식입니다.

Feedforward Neural Network:

각 어텐션 블록 뒤에는 피드포워드 신경망이 있습니다. 이는 어텐션 메커니즘의 결과를 조합하고 비선형성을 도입하여 더 복잡한 관계를 모델링 합니다.

Layer Normalization and Residual Connections:

각 서브레이어에는 레이어 정규화 및 잔차 연결이 포함되어 있습니다. 이는 학습을 안정화하고 더 깊은 네트워크를 만들 수 있도록 해 줍니다.

트랜스포머는 인코더와 디코더로 구성되어 있습니다.

인코더(Encoder)는 입력 시퀀스를 받아 고수준의 추상적 표현을 만드는 기능입니다. 각 인코더 레이어는 Self-Attention, 피드포워드 신경망 및 레이어 정규화와 잔차 연결이 포함되어 있습니다.

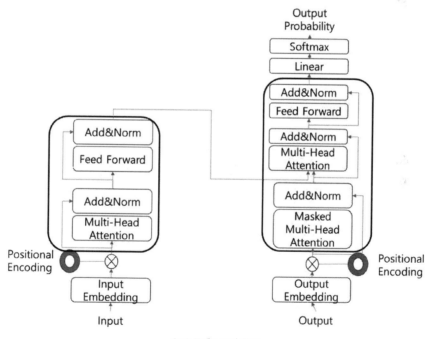

3.13 트랜스포머 구조

디코더(Decoder)는 출력 시퀀스를 생성합니다. 멀티 헤드 레이어 다음에 인코더-디코더 레이어가 추가로 존재합니다.

```python
import tensorflow as tf
from tensorflow.keras.layers import Input, Dense, Dropout
from tensorflow.keras.models import Model
from tensorflow.keras.optimizers import Adam
from tensorflow.keras.losses import SparseCategoricalCrossentropy
from tensorflow.keras.metrics import SparseCategoricalAccuracy
from tensorflow.keras.activations import gelu
from tensorflow.keras.callbacks import EarlyStopping
from tensorflow.keras.utils import to_categorical
import tensorflow_datasets as tfds


# Load IMDB dataset
(train_data, test_data), info = tfds.load(
    'imdb_reviews/subwords8k',
    split=(tfds.Split.TRAIN, tfds.Split.TEST),
    with_info=True,
    as_supervised=True
)


encoder = info.features['text'].encoder
vocab_size = encoder.vocab_size


# Prepare the data
BUFFER_SIZE = 10000
BATCH_SIZE = 32  # Decreased batch size
```

```
train_data = train_data.shuffle(BUFFER_SIZE)

train_data = train_data.padded_batch(BATCH_SIZE, padded_shapes=([None], []))

test_data = test_data.padded_batch(BATCH_SIZE, padded_shapes=([None], []))


# Transformer Model

def transformer_model(vocab_size, d_model, n_heads, n_encoder_layers, n_
dense_layers, dropout_rate, max_sequence_length):
    inputs = Input(shape=(None,))
    embedding_layer = tf.keras.layers.Embedding(vocab_size, d_model)(inputs)


    transformer_block = embedding_layer
    for _ in range(n_encoder_layers):
        transformer_block = transformer_encoder(transformer_block, d_
model, n_heads, dropout_rate)


    transformer_block = tf.keras.layers.GlobalAveragePooling1D()
(transformer_block)
    for _ in range(n_dense_layers):
        transformer_block = Dense(d_model, activation=gelu)(transformer_
block)

        transformer_block = Dropout(dropout_rate)(transformer_block)


    outputs = Dense(2, activation='softmax')(transformer_block)
    model = Model(inputs=inputs, outputs=outputs)
    return model


def transformer_encoder(inputs, d_model, n_heads, dropout_rate):
    # Multi-head self-attention
```

```python
    attention = tf.keras.layers.MultiHeadAttention(
        key_dim=d_model // n_heads,
        num_heads=n_heads,
        dropout=dropout_rate
    )(inputs, inputs)
    attention = Dropout(dropout_rate)(attention)
    res = tf.keras.layers.Add()([inputs, attention])

    # Feedforward Neural Network
    ffnn = tf.keras.Sequential([
        Dense(d_model, activation=gelu),
        Dropout(dropout_rate),
        Dense(d_model)
    ])
    ffnn_output = ffnn(res)
    res = tf.keras.layers.Add()([res, ffnn_output])

    return res


# Hyperparameters
D_MODEL = 128  # From 512, Decreased model size
N_HEADS = 2    # From 4, Decreased number of heads
N_ENCODER_LAYERS = 2
N_DENSE_LAYERS = 2
DROPOUT_RATE = 0.1
MAX_SEQUENCE_LENGTH = 200


# Build and compile the model
```

```
model = transformer_model(vocab_size, D_MODEL, N_HEADS, N_ENCODER_LAYERS,
N_DENSE_LAYERS, DROPOUT_RATE, MAX_SEQUENCE_LENGTH)


model.compile(
    optimizer=Adam(learning_rate=3e-5),
    loss=SparseCategoricalCrossentropy(),
    metrics=[SparseCategoricalAccuracy()]
)


# Train the model
history = model.fit(
    train_data,
    validation_data=test_data,
    epochs=5,
    callbacks=[EarlyStopping(patience=2, restore_best_weights=True)]
)
```

결과 출력

```
Epoch 1/5
782/782 [==============================] - 4832s 6s/step - loss: 0.6930
- sparse_categorical_accuracy: 0.5066 - val_loss: 0.6925 - val_sparse_
categorical_accuracy: 0.5000
....
Epoch 5/5
782/782 [==============================] - 4925s 6s/step - loss: 0.2693
- sparse_categorical_accuracy: 0.8956 - val_loss: 0.3396 - val_sparse_
categorical_accuracy: 0.8614
```

```
# Evaluate the model on test data
test_loss, test_accuracy = model.evaluate(test_data)

print(f'Test Loss: {test_loss:.4f}')
print(f'Test Accuracy: {test_accuracy:.4f}')

# Make predictions on a few examples
sample_texts = [
    "This movie is fantastic!",
    "I didn't like the plot of this film."
]

# Convert sample texts to sequences
sample_sequences = [encoder.encode(text) for text in sample_texts]

# Pad sequences
sample_sequences_padded = tf.keras.preprocessing.sequence.pad_
sequences(sample_sequences, padding='post')

# Make predictions
predictions = model.predict(sample_sequences_padded)

# Display predictions
for i, text in enumerate(sample_texts):
    sentiment = "Positive" if np.argmax(predictions[i]) == 1 else
"Negative"
```

```
print(f"Text: {text}")

print(f"Predicted Sentiment: {sentiment}")

print()
```

결과 출력

```
782/782 [==============================] - 1122s 1s/step - loss: 0.3396 -
sparse_categorical_accuracy: 0.8614

Test Loss: 0.3396

Test Accuracy: 0.8614

1/1 [==============================] - 1s 798ms/step

Text: This movie is fantastic!

Predicted Sentiment: Positive


Text: I didn't like the plot of this film.

Predicted Sentiment: Negative
```

노트북 PC에서 트랜스포머를 이용한 언어 모델을 학습하는 것은 쉽지 않습니다. 보여 드린 예제를 1 Epoch 수행하는 데 약 1.5시간 이상 걸렸습니다. 위 결과 출력에서 보듯이 대략 5,000초 이상 걸렸고, 예측을 하는 데에도 거의 10분 정도 걸리는 것 같습니다.

그리고 속도를 빠르게 하려고 모델 사이즈나 헤드의 수를 증가시키면 메모리 부족으로 수행되지 않았습니다.

7 욜로(Yolo)

Yolo(You Only Look Once)는 객체 탐지(Object Detection)를 위한 딥러닝 알고리즘 중 하나로 2015년에 등장하였습니다. 객체 탐지는 이미지에 포함된 다양한 객체를 구별하여 탐지하는 것을 의미합니다. 이미지에 사람, 자동차, 자전거가 함께 있다면 사람은 사람으로, 자동차는 자동차로, 자전거는 자전거로 구별하여 탐지하는 것입니다.

Yolo는 이미지나 비디오에서 여러 객체를 실시간으로 감지하고 분류하는 데 사용됩니다. Yolo는 하나의 네트워크에서 전체 이미지를 한번에 처리하여 객체 감지를 수행하기 때문에 상대적으로 다른 방법보다 속도가 빠르며, 'You Look Only Once'라는 이름의 유래가 되었습니다.

앞서 설명한 CNN은 이미지 처리에 매우 효과적인 딥러닝 아키텍처입니다. CNN은 이미지 내에서 특징을 추출하고 패턴을 학습하는 데 탁월한 성능을 보이지만, 이와 같은 전통적인 객체 탐지 방법은 이미지를 여러 부분으로 나누고 각 부분에 대해 별도의 예측을 수행하는 등 번거로운 처리 과정이 필요했습니다. 따라서 상대적으로 객체를 탐지하는 속도가 Yolo보다 느립니다.

Yolo는 이런 번거로운 과정을 제거하기 위해 이미지를 그리드로 나누고, 각 그리드 셀에서 바로 객체의 바운딩 박스와 클래스를 확률로 예측합니다. 이것이 Yolo의 핵심 아이디어입니다. 이미지를 여러 부분으로 나누는 대신 하나의 네트워크를 통해 전체 이미지에 대한 예측을 한번에 수행하기 때문에 속도가 빠르고, 실시간 객체 탐지에 효과적이라고 할 수 있습니다.

CNN과 같은 전통적인 방법은 이미지를 분할하여 분할된 이미지에 대하여 반복적인 계산을 수행한 후에, 계산 결과를 종합하여 최종적인 객체 탐지의 결과를 얻습니다. 반면에 Yolo는 이미지를 일정 그리드로 나누고, 전체 이미지에 대한 예측을 한번에 수행합니다. 그리고 각 그리드 셀에서 바운딩 박스와 객체의 클래스를 확률로 예측합니다.

CNN과 같은 방법은 이미지를 부분적으로 처리하고 지역적인 특징을 추출하는 데 중점을 두고 있고, Yolo는 이미지를 한번에 처리하고 전역적인 컨텍스트를 고려하는 데 중점을 두고 있습니다.

Yolo의 특징은 탐지 속도가 빠르기 때문에 실시간으로 처리하는 데 적합하며, 이미지 내의 다양한 객체를 효과적이고 높은 정확성으로 탐지할 수 있습니다. Yolo는 단일 신경망을 사용하여 객체의 위치와 클래스를 동시에 예측할 수 있습니다. 그러나 Yolo는 작은 객체 탐지에는 정확성이 떨어질 수 있고, 객체 간의 겹침이 크거나 큰 크기의 객체가 다수 존재할 때, 정확성이 떨어질 수 있습니다.

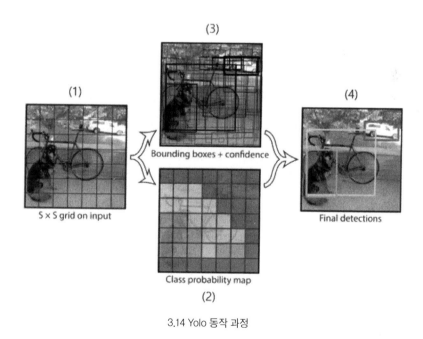

3.14 Yolo 동작 과정

(1) 이미지를 그리드로 분할합니다.

(2) 분할된 그리드에 객체가 포함될 확률을 계산합니다.

(3) 객체가 표시된 Bounding Box에 확률을 적용하여 신뢰도(Confidence)를 만듭니다.

(4) 높은 신뢰도로 표시된 부분을 제외한 것의 박스를 지워서 최종 결과를 얻습니다.

Yolo의 출력은 다음과 같습니다.

바운딩 박스 정보(Bounding Box Information):

바운딩 박스란, 객체의 외곽 전체를 포함하는 사각형을 의미합니다. 〈그림 3.14〉에서 보면 강아지, 자전거, 자동차를 표시하는 것이며, 바운딩 박스는 훈련할 때 라벨링 과정을 거쳐서 객체의 이름(클래스)과 함께 지정되고, 학습된 인공지능이 물체 탐지의 결과를 출력할 때도 사용됩니다.

각 그리드 셀은 하나의 바운딩 박스를 할당받습니다. 이 바운딩 박스는 그리드 셀 내에서 객체의 위치를 정의합니다. 바운딩 박스를 표현하는 데이터는 중심 좌표(x, y), 너비(w), 높이(h)가 있습니다.

클래스 확률(Class Probability):

각 그리드 셀에서 해당 셀에 포함된 객체의 클래스에 대한 확률을 예측합니다. 이는 여러 클래스 중에 어떤 클래스에 해당되는지를 결정합니다. 높은 확률의 클래스로 결정합니다.

객체의 존재 여부(Confidence Score):

그리드 셀 내에 객체의 존재 여부를 나타내는 스코어입니다. 1에 가까운 값이면 해당 바운딩 박스에 객체가 있을 확률이 높고, 0에 가까운 값은 객체가 없을 확률이 높습니다.

이와 같은 출력값을 이용하여 해당 객체의 이름(클래스)과 위치를 탐지하게 됩니다.

아래 예제 프로그램은 Yolo를 이용하여 객체를 탐지하는 것을 보여 주는 것입니다. 사전에 학습된 동물, 자동차 등의 객체를 주어진 이미지에서 찾아내어 바운딩 박스로 표시하여 주는 것입니다.

이 예제 프로그램을 수행하기 위해서는 아래와 같은 파일을 다운로드해야 합니다.

구성 파일	https://github.com/pjreddie/darknet/blob/master/cfg/yolov3.cfg
가중치 파일	https://pjreddie.com/media/files/yolov3.weights
클래스 이름 파일	https://github.com/pjreddie/darknet/blob/master/data/coco.names

그리고 탐지할 객체를 갖고 있는 이미지를 하나 준비하고 opencv-python을 설치해야 합니다. 위 파일들의 경로명은 절대경로명으로 입력해야 합니다.

22. Yolo 객체 탐지 예제

```python
import cv2
import numpy as np


def apply_nms(boxes, scores, threshold=0.5):
    indices = cv2.dnn.NMSBoxes(boxes, scores, threshold, threshold)
    return indices


# YOLO 설정 파일과 가중치 파일 경로
yolo_config_path = "C:/Users/jaege/TestPGM/Yolo/yolov3.cfg"
yolo_weights_path = "C:/Users/jaege/TestPGM/Yolo/yolov3.weights"
yolo_classes_path = "C:/Users/jaege/TestPGM/Yolo/coco.names"
```

```python
# YOLO 네트워크 로드
net = cv2.dnn.readNetFromDarknet(yolo_config_path, yolo_weights_path)

# 클래스 이름 로드
with open(yolo_classes_path, "r") as f:
    classes = [line.strip() for line in f.readlines()]

# 이미지 로드
image_path = "C:/Users/jaege/TestPGM/Yolo/image4.jpeg"
image = cv2.imread(image_path)
height, width = image.shape[:2]


# YOLO 입력 이미지 전처리
blob = cv2.dnn.blobFromImage(image, 1/255.0, (416, 416), swapRB=True,
crop=False)
net.setInput(blob)

# YOLO 출력
output_layers_names = net.getUnconnectedOutLayersNames()
outs = net.forward(output_layers_names)

# 바운딩 박스 정보 추출
conf_threshold = 0.5
boxes = []
confidences = []
class_ids = []

for out in outs:
```

```
    for detection in out:
        scores = detection[5:]
        class_id = np.argmax(scores)
        confidence = scores[class_id]

        if confidence > conf_threshold:
            center_x = int(detection[0] * width)
            center_y = int(detection[1] * height)
            w = int(detection[2] * width)
            h = int(detection[3] * height)

            x = int(center_x - w / 2)
            y = int(center_y - h / 2)

            boxes.append([x, y, w, h])
            confidences.append(float(confidence))
            class_ids.append(class_id)

# NMS 적용
indices = apply_nms(boxes, confidences)


# 남은 바운딩 박스에 대한 후속 작업 수행
for i in indices:
    box = boxes[i]
    confidence = confidences[i]
    class_id = class_ids[i]

    # 바운딩 박스 그리기
```

```
        color = (0, 255, 0)  # RGB
    cv2.rectangle(image, (box[0], box[1]), (box[0] + box[2], box[1] + box[3]),
color, 1)

    # 클래스 이름과 신뢰도 표시
    label = f"{classes[class_id]}: {confidence:.2f}"
    cv2.putText(image, label, (box[0], box[1] - 10), cv2.FONT_HERSHEY_SIMPLEX,
0.5, color, 1)

# 결과 이미지 출력
cv2.imshow("YOLO Object Detection", image)
cv2.waitKey(0)
cv2.destroyAllWindows()
```

결과

◦ 4장 ◦

자연어 처리
(Natural Language Processing)

자연어 처리 개요

자연어는 한국어, 영어와 같이 일반적으로 의사소통에 쓰이는 수많은 언어를 의미합니다.

자연어 처리의 목적은 컴퓨터에게 인간과 유사한 방식으로 텍스트 및 음성 언어를 이해하는 능력을 부여하는 것이라고 할 수 있습니다. 그래서 자연어 처리는 인간이 사용하는 언어를 기계가 이해하고 처리하도록 하는 분야를 연구합니다. 이는 기계학습, 인공지능 및 언어학의 여러 개념과 기술을 결합하여 구현됩니다. 자연어 처리를 이해하기 위한 주요 개념은 아래와 같습니다.

1-1. 자연어 이해(NLU, Natural Language Understanding)

기계가 인간의 언어를 이해하는 능력을 구현하는 것입니다. 인공지능 분야에서 자연어로 된 입력을 이해하고 처리하는 과정을 의미합니다. 문장의 의미, 구문, 의도 등을 해석하고 이해하는 것이 주요 목적입니다. 어떤 것을 이해한다는 것은 표현(근원 표현)으로부터 다른 표현(목적 표현)으로 변환시키는 것을 뜻합니다. 자연어 이해는 의미를 정확하게 이해하는 것에 중점을 두어 연구하고 있으며, 기계 번역, 감성 분석, 질의 응답, 챗봇 등 자연어 처리 응용 분야에서 핵심적인 역할을 하고 있습니다.

1-2. 자연어 생성(NLG, Natural Language Generation)

컴퓨터 프로그램이 자연어 텍스트를 생성하는 기능을 의미합니다. 기계가 인간과 유사한 자연어로 응답이나 텍스트를 생성하는 모든 과정을 뜻합니다. 이 기술은 데이터, 정보, 컴퓨터 이해 가능한 언어로 표현된 지식을 인간이 이해할 수 있는 자연어 텍스트로 변환합니다. NLG의 주요 목적은 자동화된 시스템이 사람처럼 자연스럽고 의미 있는 언어를 생성하며, 데이터 분석 결과를 보고하거나, 사용자 질문에 대답하거나, 사용자와 대화하는 것입니다. 데이터 요약, 보고서 생성, 자동 기사 작성, 챗봇 대화 등 다양한 분야에서 사용되고 있습니다.

1-3. 형태소 분석

자연어 문장을 작은 단위로 분해하고, 단어의 형태와 의미를 분석하는 작업입니다. 문장을 이해하고 처리하기 위한 기본 단계 중 하나입니다.

1-4. 표제어 추출

표제어는 기본 사전형 단어를 의미합니다. 표제어 추출은 단어들이 형태가 다르더라도 그 뿌리를 찾아가서 단어의 개수를 줄일 수 있는지 판단합니다. 예를 들어 'am, are, is'는 서로 다른 스펠링이지만, 그 뿌리 단어는 'be'입니다. 이때, 이 단어들의 표제어는 'be'라고 합니다.

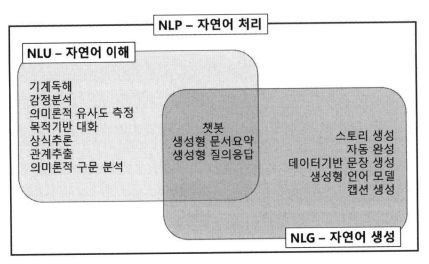

4.1 자연어 처리의 분류

1-5. 구문 분석

구문 해석, 문장 해석을 의미하며, 문장을 이루고 있는 구성 성분으로 분해하고 그 사이의 관계를 분석하여 문장의 구조를 결정하는 것을 의미하며, 파싱이라고도 합니다. 기술적으로는 일련의 문자열을 의미 있는 토큰으로 분해하고, 이들로 이루어진 파스 트리(Parse Tree)를 만드는 과정을 의미합니다.

1-6. 기계 번역

인간이 사용하는 자연어를 컴퓨터를 사용하여 다른 언어로 번역하는 것을 의미합니다.

자연어 처리의 과정은 입력 문장을 수집하고, 이를 이해하는 NLU 과정을 진행합니다. NLU에서는 형태소를 분석하고, 구분 분석을 통하여 사용자의 의도를 파악합니다. 이런 NLU 과정을 마치면 기계 번역을 통하여 응답을 생성하게 됩니다.

2 자연어 이해
(Natural Language Understanding)

자연어 이해는 기계가 인간의 언어를 이해하고 해석하기 위한 과정입니다. 주요 작업은 형태소 분석과 구분 분석입니다.

2-1. 형태소 분석

형태소 분석은 자연어 처리에서 문장을 작은 단위인 형태소로 분해하는 과정입니다. 형태소는 명사, 동사, 형용사 등 다양한 품사가 있습니다. 형태소 분석을 위한 방법론은 다음과 같습니다.

2-1-1. 규칙 기반 분석

규칙 기반 형태소 분석은 언어의 문법 규칙을 기반으로 분석합니다. 언어학적인 규칙이나 구조를 고려하여 문장을 분석하고 형태소를 추출하는 방식입니다. 예를 들어 명사와 동사 사이에는 보통 조사가 위치하므로, 그 규칙을 활용하여 형태소를 분석합니다. 규칙 기반 접근은 언어의 다양성에 대응하기 어렵고, 새로운 언어에 대한 적용이 번거로운 단점이 있습니다.

2-1-2. 통계 기반 분석

통계 기반 분석은 대량의 텍스트 데이터를 기반으로 통계적 모델을 학습하여 형태소를 추출합니다. 히든 마코프 모델(HMM), 최대 엔트로피 모델(Maximum Entropy Model), 조건부 랜덤 필드(CRF) 등이 사용될 수 있습니다.

2-1-3. 기계학습 기반 분석

딥러닝과 같은 기계학습 기술을 사용하여 형태소 분석을 수행하는 것이 최근의 주요 동향 중의 하나입니다. 순환 신경망(RNN), 장단기 메모리(LSTM), 트랜스포머와 같은 신경망 구조를 활용하여 문맥을 고려한 형태소 분석이 가능해졌습니다.

2-1-4. 사전 기반 분석

사전 기반 분석은 미리 구축된 사전을 활용하여 분석을 수행하는 방식입니다. 대부분의 언어에는 형태소 분석을 위한 사전이 존재합니다. 사전 기반 분석은 미리 구축된 사전을 활용하는 것입니다. 언어의 단어와 그에 해당하는 형태소 정보를 사전에 저장하고, 입력된 문장에서 해당 단어를 찾아 형태소를 분석합니다. 각 단어의 형태소 정보를 미리 수작업으로 등록하는 방식입니다. 사전은 품사, 의미, 발음 등 다양한 정보를 담을 수 있습니다.

형태소 분석은 주로 딥러닝 및 트랜스포머와 같은 신경망 기반 모델을 사용하여 문맥 정보를 활용하고, 성능을 향상시키는 방향으로 진행되고 있습니다. 또한 다국어 형태소 분석 및 다양한 언어에 대한 일괄적인 접근에 대한 연구도 활발히 진행되고 있습니다.

형태소 분석을 위한 예제 프로그램입니다. 이 예제 프로그램을 실행하려면 JDK(자바 개발자 키트)와 코엔엘파이(KoNLPy)를 설치해야 합니다. 코엔엘파이는 pip install konlpy를 사용하여 설치하셔야 하고, JDK는 Java 다운로드 링크에 가서서 다운로드 후 설치하시기 바랍니다.

23. 형태소 분석 예제 프로그램

```python
from konlpy.tag import Okt   # KoNLPy의 Twitter 형태소 분석기를 사용


def tokenize(text):
    okt = Okt()
    tokens = okt.pos(text)
    return tokens


# 예제 문장
example_sentence = "자연어 처리는 인공지능의 중요한 분야 중 하나입니다."


# 형태소 분석 실행
result = tokenize(example_sentence)


# 결과 출력
for token in result:
    print(f"형태소: {token[0]}, 품사: {token[1]}")
```

결과 출력

```
형태소: 자연어, 품사: Noun
형태소: 처리, 품사: Noun
형태소: 는, 품사: Josa
형태소: 인공, 품사: Noun
형태소: 지능, 품사: Noun
형태소: 의, 품사: Josa
형태소: 중요한, 품사: Adjective
```

```
형태소: 분야, 품사: Noun
형태소: 중, 품사: Noun
형태소: 하나, 품사: Noun
형태소: 입니다, 품사: Adjective
형태소: ., 품사: Punctuation
```

2-2. 표제어 추출

표제어(Lemma) 추출은 단어의 원형을 찾아내는 과정으로, 어간 추출(Stemming)과 다르게 의미적인 원형을 찾아냅니다. 표제어 추출은 단어의 다양한 형태를 원형으로 통일하여 문서 분석, 검색 엔진, 기계 번역 등 자연어 처리에 사용됩니다.

표제어 추출은 단어의 다양한 형태를 통일하여 일반적인 형태, 즉 원형을 추출하는 데 목적이 있습니다. running의 표제어는 run, better의 표제어는 good 등으로 추출됩니다.

표제어 추출에 사용되는 방법은 Wordnet 기반, Morphy 알고리즘, 기계학습 기반 등이 있으며, Wordnet 기반은 데이터베이스에 저장된 어휘 분류를 이용하는 것이고, Morphy는 Wordnet과 유사하게 단어의 원형을 찾기 위하여 사전을 이용하는 방법입니다. NLTK(Natural Language Toolkit)를 통해서 이용할 수 있습니다.

표제어 추출 과정도 형태소 분석과 유사합니다. 단어를 나누는 토큰화를 진행하고, 품사를 태깅한 후에, 표제어를 추출하게 됩니다.

24. 표제어 추출 예제

이 예제를 수행하기 전에 "pip install nltk"를 사용하여 필요한 라이브러리를 설치해 주시기 바랍니다.

아래 예제는 단어를 토큰으로 만들고, 품사를 태깅한 후에, 표제어를 찾아내어 출력합니다. PRP는 대명사, CC는 접속사, DT는 관사, JJ는 형용사, NN은 명사, IN은 전치사, VBZ는 동사를 의미합니다.

```python
import nltk
nltk.download('wordnet')
from nltk.stem import WordNetLemmatizer
from nltk.tokenize import word_tokenize


# WordNetLemmatizer 초기화
lemmatizer = WordNetLemmatizer()


# WordNet 품사 태그를 NLTK 품사 태그로 매핑
def get_wordnet_pos(tag):
    if tag.startswith('J'):
        return 'a'  # 형용사
    elif tag.startswith('V'):
        return 'v'  # 동사
    elif tag.startswith('R'):
        return 'r'  # 부사
    else:
        return 'n'  # 명사


# 예제 문장
example_sentence = "He is running and eating at the same time."


# 문장을 단어로 토큰화
words = word_tokenize(example_sentence)
```

```
# 품사 태깅
pos_tags = nltk.pos_tag(words)


# 표제어 추출
lemmatized_words = [lemmatizer.lemmatize(word, pos=get_wordnet_pos(pos))
for word, pos in pos_tags]


# 결과 출력
print("토큰화된 문장:", words)
print("품사 태깅 결과:", pos_tags)
print("표제어 추출 결과:", lemmatized_words)
```

결과 출력
토큰화된 문장: ['He', 'is', 'running', 'and', 'eating', 'at', 'the', 'same', 'time', '.']
품사 태깅 결과: [('He', 'PRP'), ('is', 'VBZ'), ('running', 'VBG'), ('and', 'CC'), ('eating', 'VBG'), ('at', 'IN'), ('the', 'DT'), ('same', 'JJ'), ('time', 'NN'), ('.', '.')]
표제어 추출 결과: ['He', 'be', 'run', 'and', 'eat', 'at', 'the', 'same', 'time', '.']

2-3. 구문 분석

구문 분석은 문장의 구조를 분석하여 문장의 문법적 구성 요소 및 의미 관계를 파악하는 자연어 처리 기술입니다. 구문 분석의 목적은 문장의 구조를 이해하고, 단어들 간의 문법적, 의미적 관계를 파악하여 더 높은 수준의 의미를 추론합니다. 주어진 문장의 의미를 파악하고 해석하는 방법은 문장의 형태론적(문법적) 및 의미론적(의미적) 구조를 분석하여, 단어들 간의 문법적 관계를 표현하는 구문 트리를 생성합니다. 이 트리는 문장의 구조를 계층적으로 표현하며, 일반적으로 트리의 루트가 문장이고, 가지와 잎이 단어 또는 구(phrase)에 해당합니다. 문장의 구조와 함께, 의미적 관계도 분석하여 문장의 의미를 이해하는데, 이 과정에서는 단어 간의 의미 관계, 시제, 수, 대명사 등이 고려됩니다.

구문 분석 방법으로는 구문 표현 기법(Context-Free Grammer)과 의존 구문 분석(Dependency Parsing)이 사용됩니다. CFG는 일반적으로 사용되는 형식 문법이며, 문장의 문법적 구조를 정의하며, DP는 단어 간의 의존 관계를 분석하여 구문 구조를 파악하는 방법입니다. DP의 대표적인 것은 Transition-Based Parsing과 Graph-Based-Parsing이 있습니다.

추가하여 통계 기반 구분 분석 방법은 대규모 말뭉치에서 학습된 통계적 모델을 사용하여 문장의 구조를 예측하는 방법으로, 통계 기반 PCFG(Parser CFG)나 PCFG-LA 등이 있습니다. 최근에는 딥러닝 기술인 순환 신경망(RNN), LSTM, 트랜스포머 등을 활용하여 구문을 학습하고 분석하는 방법이 사용되고 있습니다.

25. 구문 분석 예제 프로그램

이 예제를 수행하기 전에 "pip install nltk"를 사용하여 필요한 라이브러리를 설치해 주시기 바랍니다.

아래 예제는 단어를 토큰으로 만들고, 품사를 태깅한 후에, 명사구를 찾아내는 분석을 실행합니다. 인접한 명사들이 서로 연관이 있는지를 판단하는 것입니다. NP는 명사구, DT는 관사, JJ는 형용사, NN은 명사, IN은 전치사, VBZ는 동사를 의미합니다.

```
import nltk
from nltk import sent_tokenize, word_tokenize, pos_tag, RegexpParser


# nltk 데이터 다운로드 (한 번만 실행하면 됨)
nltk.download('punkt')
nltk.download('averaged_perceptron_tagger')


# 예제 문장
example_sentence = "Natural language processing is a subfield of
artificial intelligence."


# 문장을 단어로 토큰화
words = word_tokenize(example_sentence)


# 단어에 품사 태깅
tagged_words = pos_tag(words)


# 정규 표현식을 사용한 구문 분석
grammar = "NP: {<DT>?<JJ>*<NN>}"
chunk_parser = RegexpParser(grammar)
tree = chunk_parser.parse(tagged_words)


# 결과 출력
print("토큰화된 문장:", words)
print("품사 태깅 결과:", tagged_words)
print("\n구문 분석 결과:")
tree.pretty_print()
```

결과 출력

토큰화된 문장: ['Natural', 'language', 'processing', 'is', 'a', 'subfield', 'of', 'artificial', 'intelligence', '.']

품사 태깅 결과: [('Natural', 'JJ'), ('language', 'NN'), ('processing', 'NN'), ('is', 'VBZ'), ('a', 'DT'), ('subfield', 'NN'), ('of', 'IN'), ('artificial', 'JJ'), ('intelligence', 'NN'), ('.', '.')]

구문 분석 결과:

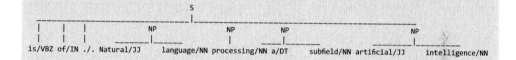

3 자연어 생성
(Natural Language Generating)

자연어 생성이란 컴퓨터 프로그램이 인간과 유사한 언어를 생성하는 자연어 처리 분야의 하위 분야로, 구조적이고 의미적으로 일관된 텍스트를 생성하는 과정입니다. 자연어 생성은 데이터나 정보를 기반으로 문장, 문단, 글을 생성하여 표현한 지식을 인간이 이해할 수 있는 자연어 텍스트로 변환합니다. NLG는 주로 텍스트 생성의 형태로 나타나지만, 음성 생성 등 다양한 형태로 확장될 수 있습니다.

3-1. 자연어 생성 방법

자연어 생성에는 다양한 알고리즘이 사용되고 있습니다. 주요 알고리즘은 다음과 같습니다.

3-1-1. 템플릿 기반 생성(Template-Based Generation)

미리 정의된 템플릿을 사용하여 정보를 채워 넣어 생성하는 방법으로, 간단하고 구조화된 문장을 생성하는 데 사용됩니다. 고정된 문장을 생성할 때 주로 사용합니다. 특정 형식에 맞춰진 문장을 쉽게 생성할 수 있고, 구현이 간단하고 일관된 형식을 유지할 수 있습니다.

3-1-2. 규칙 기반 생성(Rule-Based Generation)

문법 규칙과 트리 구조를 활용하여 문장을 생성하는 방법으로 문법 규칙은 문장의 구조, 단어 선택 등을 정의합니다. 구현이 비교적 간단하며, 특정 규칙에 따라 일관된 문장을 생성할 수 있습니다. 그러나 복잡한 대화에 대응하거나 다양한 상황에 대처하기 어렵습니다. 새로운 규칙을 추가하거나 변경하는 것이 번거로울 수 있습니다.

3-1-3. 통계 기반 생성(Statistical-Based Generation)

대량의 데이터를 기반으로 통계적 모델을 학습하여 문장을 생성하는 방법으로, n-grm 모델, 마르코프 체인 등이 있습니다. 훈련 데이터에서 통계적인 패턴을 학습하고 이를 기반으로 새로운 문장을 생성하는 방식입니다.

자연스러운 문장을 생성할 수 있고 품질 향상을 위한 학습이 가능하며, 다양한 문맥을 처리할 수 있습니다. 다만, 대량의 훈련 데이터가 필요하고, 데이터의 품질에 따라 성능이 좌우됩니다. 긴 문장에서는 문맥의 일관성을 유지하기 어려울 수 있습니다. 그리고 훈련 데이터에 없던 문장 패턴이나 특이한 상황에 대한 대응이 쉽지 않습니다.

3-1-4. 기계학습 기반 생성(Machine Learning based Generation)

딥러닝 기술을 사용하여 자연어 생성 모델을 학습하는 방법, 순환 신경망(RNN), 장단기 메모리(LSTM), 트랜스포머 등이 활용됩니다. 다양한 문맥에 대응할 수 있으며, 학습을 통해 성능을 향상시킬 수 있습니다. 데이터 양과 품질에 따라 성능이 좌우됩니다. 초기 학습이 필요하며, 관리와 유지 보수가 필요합니다.

3-2. 자연어 생성 과정

3-2-1. 입력 데이터 수집

자연어 생성에 필요한 정보나 데이터를 수집하거나 추출합니다.

3-2-2. 데이터 전처리

수집된 데이터를 정제하고 모델에 적합한 형태로 전처리합니다. 데이터 전처리 과정은 생성을 위한 학습 데이터를 만드는 것이 목적이기 때문에 NLU의 과정과 매우 유사합니다. 토큰화, 형태소 분석, 표제어 추출, 품사 태깅, 문장 분리를 수행합니다. 여기에 데이터 정규화 과정과 벡터화 과정이 추가됩니다. 정규화 과정은 단어나 문장을 일관된 형태로 변환하는 과정이고, 벡터화는 텍스트 데이터를 학습 모델이 이해할 수 있는 숫자 형태로 변환하는 과정입니다.

3-2-3. 모델 선택 또는 학습

선택한 모델을 사용하거나 기계학습 모델을 학습합니다.

통계 기반의 언어 모델이라면 n-gram이 대표적입니다. 기계학습 기반이라면 RNN, LSTM, 트랜스포머 기반인 GPT(Generative Pre-Trained Transformer)와 BERT(Bidirectional Encoder Representation from Transformer) 가 있습니다.

지도학습이나 비지도학습으로 모델을 학습시킬 수 있습니다.

3-2-4. 문장 생성

모델에 입력 데이터를 주고, 새로운 문장을 생성합니다. 통계 기반의 모델인 n-gram은 생성하려는 문장의 시작 단어를 선택하고, 이후에는 이전 단어의 n-1개의 연속된 나열을 활용하여 확률이 가장 높은 단어를 선택합니다. 이 과정을 반복하여 문장을 완성합니다.

기계학습을 활용한 방법은 딥러닝 네트워크를 이용하여 단어들의 상대적인 위치를 계산하고, 활성화 함수로 소프트맥스를 통해 다음 단어의 확률을 계산하여 높은 확률의 단어를 위치시킵니다. 이런 과정이 반복되어 문장이 완성되고 출력됩니다. 단어의 위치 정보를 전달하기 위하여 포지셔널 인코딩이라는 임베딩 방식이 사용됩니다. 이 과정에서 입력 시퀀스에서 어떤 부분에 집중해야 하는지 알려 주는 어텐션 메카니즘이 사용됩니다. 각 단어마다 가중치를 서로 다르게 하여 가중치가 높은 단어에 집중하도록 하는 방식입니다.

아래 예제는 규칙과 템플렛 기반으로 문장을 생성하는 아주 간단한 예제입니다. 주어+동사+목적어의 규칙으로 주어진 단어를 무작위로 배열하여 문장을 생성하는 방식입니다.

```python
import random

# 단어들의 리스트
subjects = ["I", "You", "He", "She", "We", "They"]
verbs = ["eat", "sleep", "run", "study", "write"]
objects = ["an apple", "a book", "the beach", "music", "a movie"]

# 무작위로 문장 생성
def generate_sentence():
    subject = random.choice(subjects)
    verb = random.choice(verbs)
    obj = random.choice(objects)

    sentence = f"{subject} {verb} {obj}."
    return sentence

# 여러 문장 생성
for _ in range(5):
    print(generate_sentence())
```

결과 출력

```
You study a movie.
They write music.
We eat music.
They write an apple.
```

They study a movie.

27. GPT2를 이용한 생성 예제 프로그램

```python
from transformers import GPT2LMHeadModel, GPT2Tokenizer

# GPT-2 모델 및 토크나이저 로드
model_name = "gpt2"
tokenizer = GPT2Tokenizer.from_pretrained(model_name)
model = GPT2LMHeadModel.from_pretrained(model_name)


# 문장 생성 함수
def generate_sentence(prompt, max_length=50):
    input_ids = tokenizer.encode(prompt, return_tensors="pt", max_
length=max_length, truncation=True)
    output_ids = model.generate(input_ids, max_length=max_length,
                                num_return_sequences=1,
                                pad_token_id = 100,
                                no_repeat_ngram_size=2)
    generated_text = tokenizer.decode(output_ids[0], skip_special_
tokens=True)
    return generated_text


# 문장 생성 예제
prompt = "In a galaxy far, far away"
#prompt = "Seoul is the one of the best cities to live."
#prompt = "The earth is a unique planet to live human being"
```

```
generated_sentence = generate_sentence(prompt, max_length=100)
print(generated_sentence)
```

결과 출력

위 예제에서 'prompt'의 내용을 바꾸면, 그것에 해당되는 내용이 생성되어 출력됩니다. 정확도는 많이 떨어지지만, GPT2를 이용한 문장 생성을 보여 주고 있습니다.

In a galaxy far, far away, the galaxy is a vast, vast universe. It is the center of the universe, and it is where the stars and galaxies are located.

The Milky Way is one of those galaxies. The MilkyWay is an enormous, massive galaxy. Its diameter is about 1.5 billion light-years. In the Milkyway, there are about 100 billion stars. There are more than 100 million galaxies in the Universe. And there is more.

4 자연어 번역

자연어 처리(NLP)가 지향하는 최종 목적 중의 하나가 자연어 번역이라고 할 수 있습니다. 자연어 번역에는 자연어를 이해하고, 자연어를 생성하는 작업이 모두 포함되어 있기 때문입니다. 사용자와 자연어 간의 상호 작용이나 다국어 간 의사소통을 지원하기 위한 자연어 번역은 NLP의 중요한 응용 분야 중의 하나입니다.

자연어 번역은 언어 간의 장벽을 극복하고, 다양한 언어로 기술, 정보, 문화 등을 공유할 수 있게 하는 중요한 역할을 합니다.

일반적으로 자연어 처리 파이프라인을 통하여 자연어 번역이 되는 과정은 다음과 같습니다.

- 입력: 사용자가 입력한 자연어 문장이 번역 대상 언어로 주어집니다.

- NLU: 입력 문장을 이해하고 구조화된 형태로 변환합니다. 문장의 의도, 주요 주제, 핵심 내용이 추출됩니다.

- 번역 모델: NLU에서 얻은 구조화된 정보를 기반으로 번역 모델이 작동합니다. 번역 모델은 입력 문장을 번역 대상 언어로 변환하는 작업을 수행합니다.

- NLG: 번역된 결과를 이해하기 쉬운 자연어 문장으로 다시 생성하는 과정입니다. 번역된 문장을 자연스럽게 표현하고, 문맥에 맞게 조절하여 출력을 생성합니다.

- 출력: NLG에서 생성된 자연어 문장이 최종적으로 출력되고, 사용자나 시스템에 제공됩니다.

NLU와 NLG는 이미 설명하였고, 번역 모델에 대해서 설명하겠습니다.

4-1. 번역 모델

번역 모델에 사용되는 알고리즘은 NLU와 NLG에서 사용하는 트랜스포머나 LSTM을 사용합니다. 번역 모델에서 입력된 문장과 번역 대상 언어로 출력하는 과정에는 인코딩과 디코딩 단계로 이루어져 있습니다.

인코딩 단계에서는 입력 문장을 단어로 분리하고 각 단어를 벡터로 변환합니다. 각 단어는 고유한 벡터로 매핑 됩니다. 이 과정을 임베딩이라고 합니다. 임베딩된 단어 벡

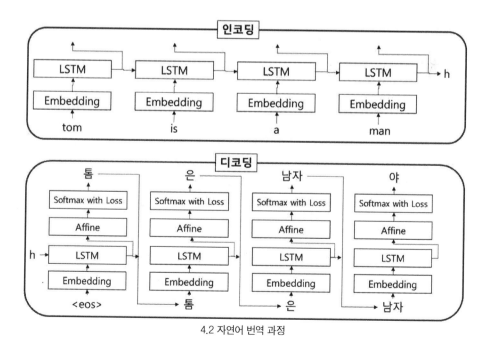

4.2 자연어 번역 과정

터는 인코더 층으로 보내지고, 문맥을 고려한 표현으로 변환됩니다. 트랜스포머의 경우 여러 개의 인코더 층이 쌓여 사용되고, 각 층은 다양한 어텐션 메커니즘을 활용하여 문맥에 맞게 인코딩합니다.

이런 과정을 거쳐서 인코더는 고차원의 벡터를 출력하여 디코더로 보냅니다.

디코딩 단계에서는 인코더 출력을 받아 디코더 층으로 보냅니다. 디코더는 이를 기반으로 번역 대상의 문장을 생성합니다. 트랜스포머의 디코더는 여러 개의 디코더 층을 쌓아 사용하고, 각 층은 자체적인 어텐션 메커니즘을 활용하여 문맥을 이해하고 번역을 수행합니다. 디코더가 생성한 각 단어는 번역 대상 언어의 임베딩 공간으로 보내집니다.

디코더가 각 단계에서 예측한 단어들을 순차적으로 결합하여 번역된 문장을 생성합니다. 디코더는 자신이 이전에 생성한 단어들을 참고하여 문맥을 유지합니다.

이런 과정을 거쳐서 입력 문장이 번역 대상 언어로 변환됩니다.

입력 → 인코딩 → 문장 벡터 → 디코딩 → 번역 대상 문장 생성 → 출력의 순서로 번역됩니다. 〈그림 4.2〉에서 h가 문장 벡터입니다.

번역 모델의 경우, 대상 언어와 입력 언어를 동시에 학습합니다. 이런 학습 방식은 인코더-디코더 구조를 갖는 모델에서 일반적으로 사용되며, 훈련 데이터에는 원본 문장과 대상 언어로의 번역 문장이 쌍을 이루어 포함되어 있습니다.

학습 과정에서 모델은 입력 문장을 인코딩하고, 그 정보를 기반으로 대상 언어로의 번역을 디코딩합니다. 손실 함수는 모델이 예측한 번역과 실제 대상 문장 간의 차이를 최소화하는 방향으로 모델 파라미터를 수정합니다. 이런 과정은 원본 문장과 대상 언어로의 번역 간의 상호 의존성을 학습하게 합니다.

이런 접근 방식은 훈련 데이터에 쌍으로 이루어진 입력과 출력이 필요하므로, 병렬 쌍 형태로 제공되는 번역 데이터 세트가 활용됩니다. 대표적으로 영어-프랑스어, 한국어-영어 쌍 등이 있습니다.

아래 소개된 번역 모델 예제 코드는 github에서 공개되어 있는 독일어-영어 번역 모델을 변형한 것입니다. 훈련에 사용된 데이터 세트는 인터넷에서 다운로드한 영어-한글 문장을 기반으로 필요한 데이터를 추가한 csv 파일을 활용하였습니다. 훈련용 데이터 세트가 약 1,500개 문장의 영어-한글 쌍으로 되어 있어서 문장 번역의 정확도는 높지 않습니다. 그러나 기계 번역 과정을 구현하는 것을 이해하기는 충분하다고 생각되었습니다.

데이터 세트로 사용되는 train_data.csv는 다음과 같이 구성되었습니다.

en	kor
Face facts!	진실을 마주해!
It's a ridiculous question, really.	참으로 황당한 질문이네.
Is this love?	이게 사랑인가요?
Tom is still quite young.	톰은 아직도 꽤 어려.
I quit.	나 나간다.
They refused.	그 사람들은 거절했어.
I love you more than you love me.	네가 날 사랑하는 만큼보다 더 널 사랑해.
I think that Tom is distinguished.	나는 톰이 뛰어나다고 생각한다.
Humans can't live without air.	인간은 공기 없인 살 수 없어.
Can the matter wait till tomorrow?	그 일은 내일까지 기다려도 돼?
They want peace.	그들은 평화를 원한다.

이 원시 데이터를 train_data로 만들면 아래와 같이 토큰화된 훈련 데이터로 변형됩니다.

```
$ vars(train_data[11])
Out[21]:
{'src': ['they', 'want', 'peace', '.'],
 'trg': ['그', '들', '은', '평화', '를', '원한다', '.']}
```

train_data.csv 파일의 마지막 라인을 토큰화한 내용입니다.

기계 번역을 위한 훈련에는 시간이 오래 걸리기 때문에 훈련용 코드로는 모델을 훈련하여 저장하고, 번역용은 훈련된 모델을 로드하여 사용하는 것으로 구성하였습니다. 훈련용 코드에서 저장된 모델을 로드하는 것을 추가하고, 훈련하는 부분을 제거한 것이 번역용 코드입니다.

28. 기계 번역 예제 코드(훈련용)

```
# -*- coding: utf-8 -*-
" " "
Created on Thu Feb 22 22:06:26 2024

@author: jaege
" " "


import torch
import torch.nn as nn
import torch.optim as optim
from torchtext.data.metrics import bleu_score
from torch.utils.tensorboard import SummaryWriter
from torchtext.data import Field, BucketIterator
import torchtext
from konlpy.tag import Okt
```

```python
import spacy
import time


# download SpaCy models and loadings
spacy.cli.download("en_core_web_sm")
spacy.cli.download("ko_core_news_sm")


spacy_en = spacy.load("en_core_web_sm")
spacy_ge = spacy.load("ko_core_news_sm")


# define tokenize
def tokenize_eng(text):
    return [tok.text for tok in spacy_en.tokenizer(text)]
def tokenize_ko(text):
    okt = Okt()
    tokens = okt.morphs(text)
    return tokens


# Define Fields
korean = Field(tokenize=tokenize_ko, lower=True, init_token="<sos>", eos_token="<eos>")
english = Field(tokenize=tokenize_eng, lower=True, init_token="<sos>", eos_token="<eos>")


# Load Datasets and splits into 3 data sets, the datasets must be in folder 'path'
# named correctly
train_data, valid_data, test_data = torchtext.data.TabularDataset.splits(
```

```
        path="/Users/jaege/TestPGM/NLP", train="train_data.csv",
        validation="valid_data.csv", test="test_data.csv",
        format="csv",
        fields=[("src", english), ("trg", korean)]
)


# build vocabularies
english.build_vocab(train_data, max_size= 1000, min_freq=2)
korean.build_vocab(train_data,  max_size= 1000, min_freq=2)


# Transformer define
class Transformer(nn.Module):
    def __init__(
        self,
        embedding_size,
        src_vocab_size,
        trg_vocab_size,
        src_pad_idx,
        num_heads,
        num_encoder_layers,
        num_decoder_layers,
        forward_expansion,
        dropout,
        max_len,
        device,
    ):
        super(Transformer, self).__init__()
        self.src_word_embedding = nn.Embedding(src_vocab_size, embedding_
```

```python
size)
        self.src_position_embedding = nn.Embedding(max_len, embedding_
size)
        self.trg_word_embedding = nn.Embedding(trg_vocab_size, embedding_
size)
        self.trg_position_embedding = nn.Embedding(max_len, embedding_size)

        self.device = device
        self.transformer = nn.Transformer(
                embedding_size,
                num_heads,
                num_encoder_layers,
                num_decoder_layers,
                forward_expansion,
                dropout,
        )
        self.fc_out = nn.Linear(embedding_size, trg_vocab_size)
        self.dropout = nn.Dropout(dropout)
        self.src_pad_idx = src_pad_idx

    def make_src_mask(self, src):
        src_mask = src.transpose(0, 1) == self.src_pad_idx

        # (N, src_len)
        return src_mask.to(self.device)

    def forward(self, src, trg):
        src_seq_length, N = src.shape
```

```
trg_seq_length, N = trg.shape

src_positions = (
    torch.arange(0, src_seq_length)
    .unsqueeze(1)
    .expand(src_seq_length, N)
    .to(self.device)
)

trg_positions = (
    torch.arange(0, trg_seq_length)
    .unsqueeze(1)
    .expand(trg_seq_length, N)
    .to(self.device)
)

embed_src = self.dropout(
    (self.src_word_embedding(src) + self.src_position_embedding(src_
positions))
)

embed_trg = self.dropout(
        (self.trg_word_embedding(trg) + self.trg_position_
embedding(trg_positions))
)

src_padding_mask = self.make_src_mask(src)
    trg_mask = self.transformer.generate_square_subsequent_mask(trg_
```

```
seq_length).to(
        self.device
    )

    out = self.transformer(
        embed_src,
        embed_trg, # added [:-1,:]
        src_key_padding_mask=src_padding_mask,
        tgt_mask=trg_mask,
    )
    out = self.fc_out(out)
    return out


# Define traslate sentence
def translate_sentence(model, sentence, korean, english, device, max_
length=50):
    # Create tokens using spacy and everything in lower case (which is
what our vocab is)
    if type(sentence) == str:
        tokens = [korean.init_token] + [token.lower() for token in korean.
tokenize(sentence)]
    else:
        tokens = [token.lower() for token in sentence]

    # Add <SOS> and <EOS> in beginning and end respectively
    tokens.insert(0, korean.init_token)
    tokens.append(korean.eos_token)
```

```python
    # Go through each korean token and convert to an index
    text_to_indices = [korean.vocab.stoi[token] for token in tokens]

    # Convert to Tensor
    sentence_tensor = torch.LongTensor(text_to_indices).unsqueeze(1).
to(device)

    outputs = [english.vocab.stoi["<sos>"]]
    for i in range(max_length):
        trg_tensor = torch.LongTensor(outputs).unsqueeze(1).to(device)

        with torch.no_grad():
            output = model(sentence_tensor, trg_tensor)

        best_guess = output.argmax(2)[-1, :].item()
        outputs.append(best_guess)

        if best_guess == english.vocab.stoi["<eos>"]:
            break

    translated_sentence = [english.vocab.itos[idx] for idx in outputs]
    # remove start token
    return translated_sentence[1:]

def bleu(data, model, english, korean, device):
    targets = []
    outputs = []
```

```python
    for example in data:
        src = vars(example)["src"]
        trg = vars(example)["trg"]

            prediction = translate_sentence(model, src, english, korean,
device)
        prediction = prediction[:-1]  # remove <eos> token

        targets.append([trg])
        outputs.append(prediction)


    return bleu_score(outputs, targets)


# trained model saving for future using without training step
def save_checkpoint(state, filename="/Users/jaege/TestPGM/NLP/
seq2seqCheck"):
    print("=> Saving checkpoint")
    torch.save(state, filename)


# load saved training model for prediction without training
def load_checkpoint(checkpoint, model, optimizer):
    print("=> Loading checkpoint")
    model.load_state_dict(checkpoint["state_dict"])
    optimizer.load_state_dict(checkpoint["optimizer"])


# We're ready to define everything we need for training our Seq2Seq model
device = torch.device("cuda" if torch.cuda.is_available() else "cpu")
```

```python
load_model = False # change it to True for loading saved trained model
save_model = True


# Training hyperparameters
num_epochs = 1000
learning_rate = 3e-4
batch_size = 64


# Model hyperparameters
src_vocab_size = len(english.vocab)
trg_vocab_size = len(korean.vocab)
embedding_size = 512
num_heads = 8
num_encoder_layers = 4
num_decoder_layers = 4
dropout = 0.10
max_len = 256
forward_expansion = 4
src_pad_idx = english.vocab.stoi["<pad>"]


# Tensorboard to get nice loss plot
writer = SummaryWriter("/Users/jaege/TestPGM/NLP")
step = 0


# split dataset for training by batch_size
train_iterator, valid_iterator, test_iterator = BucketIterator.splits(
    (train_data, valid_data, test_data),
    batch_size=batch_size,
```

```
    sort_within_batch=True,
    sort_key=lambda x: len(x.src),
    device=device,
)


# Build Transformer for training
model = Transformer(
    embedding_size,
    src_vocab_size,
    trg_vocab_size,
    src_pad_idx,
    num_heads,
    num_encoder_layers,
    num_decoder_layers,
    forward_expansion,
    dropout,
    max_len,
    device,
).to(device)


#Optimizer define, lr is learning_rate define above as hyper parameters
optimizer = optim.Adam(model.parameters(), lr=learning_rate)

scheduler = torch.optim.lr_scheduler.ReduceLROnPlateau(
    optimizer, factor=0.1, patience=10, verbose=True
)

pad_idx = english.vocab.stoi["<pad>"]
```

```python
criterion = nn.CrossEntropyLoss(ignore_index=pad_idx)


if load_model:
    load_checkpoint(torch.load("/Users/jaege/TestPGM/NLP/seq2seqCheck"),
model, optimizer)


# Start Training
for epoch in range(num_epochs):

    # Start Training
    model.train()
    losses = []


    for batch_idx, batch in enumerate(train_iterator):
        # Get input and targets and get to cuda
        inp_data = batch.src.to(device)
        target = batch.trg.to(device)


        # Forward prop
        output = model(inp_data, target[:-1, :])


        # Output is of shape (trg_len, batch_size, output_dim) but Cross
Entropy Loss
        # doesn't take input in that form. For example if we have MNIST we
want to have
        # output to be: (N, 10) and targets just (N). Here we can view it
in a similar
        # way that we have output_words * batch_size that we want to send
```

in into

```
        # our cost function, so we need to do some reshapin.
        # Let's also remove the start token while we're at it
        output = output.reshape(-1, output.shape[2])
        target = target[1:].reshape(-1)

        optimizer.zero_grad()

        loss = criterion(output, target)
        losses.append(loss.item())

        # Back prop
        loss.backward()
        # Clip to avoid exploding gradient issues, makes sure grads are
        # within a healthy range
        torch.nn.utils.clip_grad_norm_(model.parameters(), max_norm=1)

        # Gradient descent step
        optimizer.step()

        # plot to tensorboard
        writer.add_scalar("Training loss", loss, global_step=step)
        step += 1

    mean_loss = sum(losses) / len(losses)
    scheduler.step(mean_loss)
    print(f"[Epoch {epoch} / {num_epochs}]", "loss = ", mean_loss, time.
strftime('= %H:%M:%S'))
```

```
    if (epoch % 100) == 0: # set model saving and testingfrequecy
        if save_model:
            checkpoint = {
                "state_dict": model.state_dict(),
                "optimizer": optimizer.state_dict(),
            }
            save_checkpoint(checkpoint)


        # sentence to be translate to Korean
        sentence = "tom wants peace."


        # Display progress of translation during each training epochs.
        model.eval()
        translated_sentence = translate_sentence(
            model, sentence, english, korean, device, max_length=50
        )
        print(f"Translated example sentence:  {translated_sentence}")


# running on entire test data takes a while
score = bleu(test_data[1:100], model, english, korean, device)
print(f"Bleu score {score * 100:.2f}")
```

결과 출력

```
[Epoch 499 / 500]
⇒ Saving checkpoint
Translated example sentence:  ['톰', '은', '<unk>', '을', '<unk>', '해',
'.', '<eos>']
```

번역 성능은 좋지 않습니다. 데이터 세트를 늘리고 훈련을 더 많이 시키면 개선될 수 있을 것입니다, 그러나 노트북을 이용하여 정확한 번역 모델을 훈련시키는 것은 쉽지 않았습니다. 〈unk〉는 적당한 단어를 찾지 못한 것입니다.

29. 기계 번역 예제 코드(번역용)

```python
import torch
import torch.nn as nn
import torch.optim as optim
from torchtext.data.metrics import bleu_score
from torch.utils.tensorboard import SummaryWriter
from torchtext.data import Field, BucketIterator
import torchtext
from konlpy.tag import Okt
import spacy
import sys, time


# download SpaCy models and loadings
#spacy.cli.download("en_core_web_sm")
#spacy.cli.download("ko_core_news_sm")

spacy_en = spacy.load("en_core_web_sm")
spacy_ge = spacy.load("ko_core_news_sm")


# define tokenize
```

```
def tokenize_eng(text):
    return [tok.text for tok in spacy_en.tokenizer(text)]
def tokenize_ko(text):
    okt = Okt()
    tokens = okt.morphs(text)
    return tokens


# Define Fields
korean = Field(tokenize=tokenize_ko, lower=True, init_token="<sos>", eos_
token="<eos>")
english = Field(tokenize=tokenize_eng, lower=True, init_token="<sos>", eos_
token="<eos>")


# Load Datasets and splits into 3 data sets, the datasets must be in
folder 'path'
# named correctly
train_data, valid_data, test_data = torchtext.data.TabularDataset.splits(
    path="/Users/jaege/TestPGM/NLP", train="train_data.csv",
    validation="valid_data.csv", test="test_data.csv",
    format="csv",
    fields=[("src", english), ("trg", korean)]
)


# build vocabularies
english.build_vocab(train_data, max_size= 1000, min_freq=2)
korean.build_vocab(train_data,  max_size= 1000, min_freq=2)


# Transformer define
```

```python
class Transformer(nn.Module):
    def __init__(
        self,
        embedding_size,
        src_vocab_size,
        trg_vocab_size,
        src_pad_idx,
        num_heads,
        num_encoder_layers,
        num_decoder_layers,
        forward_expansion,
        dropout,
        max_len,
        device,
    ):
        super(Transformer, self).__init__()
        self.src_word_embedding = nn.Embedding(src_vocab_size, embedding_size)
        self.src_position_embedding = nn.Embedding(max_len, embedding_size)
        self.trg_word_embedding = nn.Embedding(trg_vocab_size, embedding_size)
        self.trg_position_embedding = nn.Embedding(max_len, embedding_size)

        self.device = device
        self.transformer = nn.Transformer(
            embedding_size,
            num_heads,
```

```python
            num_encoder_layers,
            num_decoder_layers,
            forward_expansion,
            dropout,
        )
        self.fc_out = nn.Linear(embedding_size, trg_vocab_size)
        self.dropout = nn.Dropout(dropout)
        self.src_pad_idx = src_pad_idx

    def make_src_mask(self, src):
        src_mask = src.transpose(0, 1) == self.src_pad_idx

        # (N, src_len)
        return src_mask.to(self.device)

    def forward(self, src, trg):
        src_seq_length, N = src.shape
        trg_seq_length, N = trg.shape

        src_positions = (
            torch.arange(0, src_seq_length)
            .unsqueeze(1)
            .expand(src_seq_length, N)
            .to(self.device)
        )

        trg_positions = (
            torch.arange(0, trg_seq_length)
```

```
            .unsqueeze(1)
            .expand(trg_seq_length, N)
            .to(self.device)
        )
        embed_src = self.dropout(
            (self.src_word_embedding(src) + self.src_position_embedding(src_
positions))
        )
        embed_trg = self.dropout(
                (self.trg_word_embedding(trg) + self.trg_position_
embedding(trg_positions))
        )
        src_padding_mask = self.make_src_mask(src)
        trg_mask = self.transformer.generate_square_subsequent_mask(trg_
seq_length).to(
            self.device
        )
        out = self.transformer(
            embed_src,
            embed_trg, # added [:-1,:]
            src_key_padding_mask=src_padding_mask,
            tgt_mask=trg_mask,
        )
        out = self.fc_out(out)
        return out


# Define traslate sentence
def translate_sentence(model, sentence, korean, english, device, max_
```

```
length=50):
    # Create tokens using spacy and everything in lower case (which is
what our vocab is)
    if type(sentence) == str:
        tokens = [korean.init_token] + [token.lower() for token in korean.
tokenize(sentence)]
    else:
        tokens = [token.lower() for token in sentence]

    # Add <SOS> and <EOS> in beginning and end respectively
    tokens.insert(0, korean.init_token)
    tokens.append(korean.eos_token)

    # Go through each korean token and convert to an index
    text_to_indices = [korean.vocab.stoi[token] for token in tokens]

    # Convert to Tensor
    sentence_tensor = torch.LongTensor(text_to_indices).unsqueeze(1).
to(device)

    outputs = [english.vocab.stoi["<sos>"]]
    for i in range(max_length):
        trg_tensor = torch.LongTensor(outputs).unsqueeze(1).to(device)

        with torch.no_grad():
            output = model(sentence_tensor, trg_tensor)

        best_guess = output.argmax(2)[-1, :].item()
```

```
            outputs.append(best_guess)

        if best_guess == english.vocab.stoi["<eos>"]:
            break

    translated_sentence = [english.vocab.itos[idx] for idx in outputs]
    # remove start token
    return translated_sentence[1:]


def bleu(data, model, english, korean, device):
    targets = []
    outputs = []

    for example in data:
        src = vars(example)["src"]
        trg = vars(example)["trg"]

        prediction = translate_sentence(model, src, english, korean,
device)
        prediction = prediction[:-1]  # remove <eos> token

        targets.append([trg])
        outputs.append(prediction)

    return bleu_score(outputs, targets)


# load saved training model for prediction without training
def load_checkpoint(checkpoint, model, optimizer):
```

```
    print("=> Loading checkpoint")
    model.load_state_dict(checkpoint["state_dict"])
    optimizer.load_state_dict(checkpoint["optimizer"])


# We're ready to define everything we need for training our Seq2Seq model
device = torch.device("cuda" if torch.cuda.is_available() else "cpu")


# Training hyperparameters
learning_rate = 3e-4
batch_size = 64


# Model hyperparameters
src_vocab_size = len(english.vocab)
trg_vocab_size = len(korean.vocab)
embedding_size = 512
num_heads = 8
num_encoder_layers = 4
num_decoder_layers = 4
dropout = 0.10
max_len = 256
forward_expansion = 4
src_pad_idx = english.vocab.stoi["<pad>"]


step = 0


# Build Transformer for training
model = Transformer(
    embedding_size,
```

```
        src_vocab_size,

        trg_vocab_size,

        src_pad_idx,

        num_heads,

        num_encoder_layers,

        num_decoder_layers,

        forward_expansion,

        dropout,

        max_len,

        device,

).to(device)


#model.load_state_dict(torch.load("/Users/jaege/TestPGM/NLP/seq2seqCheck"))

# 모델 경로를 적절히 지정

optimizer = optim.Adam(model.parameters(), lr=learning_rate)

load_checkpoint(torch.load("/Users/jaege/TestPGM/NLP/seq2seqCheck"), model,

optimizer)

model.to(device)


# sentence to be translate to Korean

while True :

    sentence = input("영어 문장을 입력하세요 : ")


    model.eval()

    translated_sentence = translate_sentence(

            model, sentence, english, korean, device, max_length=50

            )

    print(f"Translated example sentence:  {translated_sentence}")
```

```
    if sentence == "q":
        break
```

영어 문장을 입력하면 번역을 합니다. q를 입력하면 종료됩니다.

영어 문장을 입력하세요 : tom is a man.
Translated example sentence: ['톰', '은', '<unk>', '남자', '야', '.',
'<eos>']

◦ 5장 ◦

컴퓨터 비전

컴퓨터 비전의 개요

컴퓨터 비전은 기계의 시각에 해당하는 부분을 연구하는 컴퓨터 과학의 연구 분야입니다. 기계가 시각적인 정보를 처리하고 해석하는 것을 연구합니다. 이는 주로 디지털 이미지나 비디오를 다루는 기술을 포함하며, 주요 목표는 컴퓨터가 시각적인 입력을 이해하고 해석하여 특정 작업을 수행하도록 하는 것입니다.

시각은 대부분의 동물들이 활동하는 데 필요한 기초적인 정보를 획득하고 있으며, 시각적 정보는 의사 결정을 하는 데 매우 중요합니다. 시각은 사물이 얼마나 떨어져 있는지, 사물이 움직이고 있는지 등을 판단할 수 있어서 생존에 아주 중요하기 때문입니다. 인간은 과거로부터 이런 시각 기능을 이해하려고 노력하였고, 카메라가 동물의 시각 기능을 모방한 대표적인 예입니다.

컴퓨터 비전 기술을 이용한 이미지 처리는 제품의 품질을 검사하거나 생산 자산을 관찰하는 용도로 훈련시킬 수 있으며, 훈련된 인공지능 시스템은 인간보다 빠르게 결함이나 특징을 찾아낼 수 있습니다

컴퓨터 비전이 갖고 있는 주요 기능은 다음과 같습니다.

이미지 인식과 분류:
컴퓨터 비전은 이미지에서 객체를 인식하고 분류하는 데 이용될 수 있습니다. 이를 통해 자동차의 번호판 인식, 얼굴 인식, 동물 식별 등 다양한 응용이 가능합니다.

객체 검출:

객체 검출은 이미지나 비디오에서 특정 객체의 위치를 찾아내는 작업을 의미합니다. 이는 자율 주행 자동차, 보안 시스템, 의료 영상 등에서 사용됩니다.

인스턴스 분할:

이미지를 픽셀 단위로 분할하여 각 영역을 인식하는 작업이 가능합니다. 이는 의료 영상 분석, 로봇의 환경 인식, 자연어 처리와의 통합 등에 활용됩니다.

5.1 이미지 내 객체 검출

특징 추출:

이미지에서 중요한 특징을 추출하여 이해하는 기능을 수행합니다. 패턴 인식, 객체 식별, 이미지 압축 등에서 활용됩니다.

자동 학습 및 딥러닝:

딥러닝과 같은 기계학습 기술을 통해 컴퓨터 비전은 데이터로부터 학습하고 새로운 패턴을 인식할 수 있습니다. 이는 대규모 데이터 세트에서 훈련된 신경망을 사용하여 더 높은 정확도와 일반화 능력을 제공합니다.

5.2 인스턴스 분할

2 컴퓨터 비전의 발전 과정

컴퓨터 비전 혹은 이미지 처리는 1959년 휴벨과 위젤의 고양이 뇌가 어떤 시각 자극에 반응하는지에 대한 연구가 시작점이라고 보는 것이 일반적입니다. 이를 통해서 시각 정보 처리에 대한 기본 원리를 이해하는 데 중요한 업적을 이루었습니다.

휴벨과 위젤은 시각 피질에서 계층적이고 구조적인 정보 처리의 기초를 제시하였으며, 이후의 인간 및 동물의 시각 시스템에 대한 이해를 높이고, 컴퓨터 비전 분야에서도 패턴 인식 및 이미지 처리에 관한 연구에 큰 영감을 주게 되었습니다.

1956년 해리 로버츠는 "Step Edge Detector"라는 연구를 발표합니다. 이 연구는 이미지 처리 분야에서 엣지(Edge)를 감지하는 데 사용되는 중요한 알고리즘 중의 하나를 처음 제안한 것으로 알려져 있습니다. 이 알고리즘은 컴퓨터 비전 및 이미지 프로세싱 분야에서 많이 활용되었고, 엣지 검출은 물체의 경계를 찾는 데 중요한 역할을 합니다. 엣지 검출은 이미지의 중요한 특징을 추출할 수 있고, 객체의 경계, 윤곽 등을 식별하는 데 활용되기 때문입니다.

로버츠의 연구는 이미지 프로세싱 분야에서의 초기 단계였으며, 이후 다양한 엣지 알고리즘으로 발전되었습니다.

1966년도에 MIT에서는 퍼셉트론을 이용하여 이미지 내의 물체를 인식하려는 연구가 있었습니다. 이 연구는 퍼셉트론을 이용하여 간단한 선이나 경계로 표현된 물체를 구분하고 인식할 수 있는 기술을 설계하고자 하였습니다. 그러나 초기 퍼셉트론은 XOR 문제와 같은 비선형 문제를 해결하는 데 한계가 있었습니다. 이로 인해 단일 퍼셉트론만으로는 일부 복잡한 패턴이나 물체를 구분할 수 없다는 것이 밝혀졌습니다.

이 연구는 컴퓨터 비전과 머신러닝 분야에서 초기 단계이며, 인공 신경망 및 딥러닝의 개념이 발전하는 데 큰 영향을 미쳤습니다.

단일 퍼셉트론의 한계를 극복하기 위한 연구는 지속되었으며, 1980년대에 다층 퍼셉트론과 역전파 알고리즘이 등장하여 현대 딥러닝의 기초가 완성되었고, 이후의 컴퓨터 비전 및 머신러닝 분야의 발전에 큰 영향을 미쳤습니다.

이후 다양한 분야에서 연구가 진행되었고, 1998년 얀(Yann LeCun)과 패트릭(Patrick Haffner)에 의해 합성곱 신경망(CNN)이 소개됩니다. CNN이 소개된 논문에서 CNN이 손글씨 숫자 인식 작업에 성공적으로 적용되었습니다. CNN은 이미지 처리 작업에 적합한 구조를 갖고 있으며, 지역적인 패턴 및 특징을 감지하여 복잡한 이미지 인식 문제를 해결하는 데 사용됩니다. 이후 CNN은 컴퓨터 비전 분야에서 강력한 도구로 자리잡았고, 딥러닝의 부상과 함께 다양한 응용 분야에서 사용되고 있습니다.

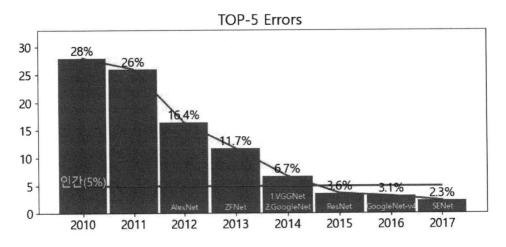

5.3 이미지 처리 성능의 발전 과정

2000년대에는 컴퓨터 비전에 기계학습이 도입되기 시작하였고, 이미지 분류 및 객체 검출에서 성과를 내기 시작했습니다. 2010년 이후에는 딥러닝 기술이 컴퓨터 비전에 혁명을 일으켰고, 합성곱 신경망이 탁월한 성능을 보여 주며 대중화되었습니다.

이와 같은 딥러닝 기술의 발전과 동시에 컴퓨터 성능이 크게 향상되었기 때문에 컴퓨터 비전의 인식 성능이 인간의 인식 능력을 뛰어넘는 결과를 보이고 있습니다. 이와 같은 성능의 향상으로 컴퓨터 비전은 다양한 산업 분야에서 활용되고 있습니다. 자율 주행, 의료 영상 분석, 보안 시스템, 로봇 공학 등에 깊숙이 적용되고 있습니다.

이미지 처리

이미지 처리(Image Processing)는 입출력이 영상인 모든 형태의 정보 처리를 가리키며, 사진이나 동영상을 처리하는 것이 대표적입니다. 영상 처리 기법은 화상을 2차원 신호로 보고 여기에 표준적인 신호 처리 기법을 적용하는 방법을 사용합니다.

20세기 중반까지 영상 처리는 아날로그로 이루어졌으며, 대부분 광학과 연관된 방법이었습니다. 이런 영상 처리는 현재까지도 홀로그래피 등에 사용되지만, 컴퓨터 처리 속도의 향상으로 인해 이런 기법들은 디지털 영상 처리 기법으로 많이 대체되었습니다. 일반적으로 디지털 영상 처리는 다양한 방법으로 쓰일 수 있으며, 정확하다는 장점이 있고, 아날로그를 구현하기 쉽기도 합니다.

3-1. 이미지 처리 과정

컴퓨터를 이용한 이미지 처리는 동물의 시각 처리 과정을 모방하고 있습니다. 컴퓨터가 이미지를 인식하기 위해서는 이미지를 디지털로 변환하는 과정이 있어야 합니다. 이 디지털 변환 과정은 입력 단계에서 수행됩니다. 디지털 카메라 등이 이미지를 디지털로 변환해 줍니다. 이렇게 디지털로 변환된 이미지를 처리하는 과정을 아래 간략히 설명하였습니다. 이와 같은 방법으로 인공지능 학습을 위한 데이터 세트가 준비되고, 학습됩니다.

동물이 시각을 통하여 물체를 인식하는 과정은 시각 세포를 통하여 빛을 감지하고, 이 신호를 시신경을 통하여 뇌로 전달하여 인식하게 됩니다. 인식된 것이 무엇인가에 대한 것은 동물도 학습과 경험을 통하여 알게 됩니다.

컴퓨터는 동물이 학습하는 것과 유사한 방식으로 이미지를 학습하고, 인식된 것이 무엇인지 결과를 출력할 수 있도록 프로그램할 수 있습니다. 인공지능 개발을 위한 기계학습, 딥러닝 기술이 컴퓨터를 학습시키는 데 활용됩니다.

3-1-1. 이미지 획득

영상 처리의 시작으로, 이미지를 획득하는 단계입니다. 카메라, 스캐너, 이미지 센서를 이용하여 실제 세계의 물체 또는 장면을 디지털 이미지로 변환합니다.

3-1-2. 이미지 전처리

획득된 이미지는 전처리 단계를 거쳐 개선되거나 준비됩니다. 대표적으로 크기 조절, 회전 보정, 노이즈 제거, 명암 대비 조절 등의 작업이 수행됩니다.

3-1-3. 색상 모델 변환

이미지는 주로 RGB(Red, Green, Blue, 빛의 삼원색) 색상 모델로 표현되어 디지털로 저장되어 있습니다. 컬러 이미지의 경우, 픽셀 1개를 표현하는 데에 3가지 색상의 강도를 숫자로 표현된 값으로 저장됩니다. 그래서 컬러 이미지는 3개의 배열을 통해서 표현할 수 있습니다. 이 배열을 채널(Channel)이라고 합니다. 컬러 이미지는 3채널 이미지라고 할 수 있습니다.

디지털 이미지의 구조를 다루는 데는 다음과 같은 용어를 사용합니다.

영상(Image):
2차원 평면 위에 그려진 시각적 표현물(사진, 동영상 등)

디지털 영상(Digital Image):
2차원 평면 위에 화소들의 집합으로 이루어진 영상

화소(Pixel):

Pictures Element, 영상을 구성하는 가장 기본적인 단위

프레임(Frame):

정지 영상 낱장을 나타내는 단위, 사진 1장

해상도(Resolution):

한 프레임 안에 존재하는 픽셀의 개수, (가로×세로) 픽셀 수

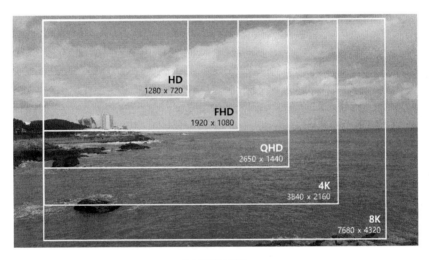

5.4 해상도 비교

해상도가 높으면 선명하고 정교한 이미지를 표현할 수 있습니다.

해상도는 ppi(pixel per inch) 혹은 dpi(dot per inch)로 표시하고 있습니다.

3-1-4. 특징 추출

이미지에서 특징을 추출하는 단계입니다. 엣지(가장자리), 색상, 질감 등의 중요한 정보를 도출합니다. 이미지의 핵심 특징을 나타내는 특성을 식별합니다.

3-1-5. 이진화

이미지를 이진수로 표현하는 단계입니다. 이를 통해서 이미지를 흑백 또는 컬러 이미지로 변환할 수 있습니다.

3-1-6. 영상 분할 및 객체 인식

이미지를 세그먼트로 나누는 분할 작업은 이미지 내에서 다른 객체 또는 영역을 식별하는 데 사용됩니다. 객체 인식 알고리즘은 이미지에서 특정한 객체를 식별하거나 분류할 수 있습니다.

3-1-7. 영상 필터링과 변형

이미지 필터링은 이미지의 특정 부분에 대해 연산을 수행하여 이미지를 부드럽게 하거나 경계를 강조하는 등의 효과를 만들 수 있습니다. 이미지의 크기, 회전, 왜곡 등으로 이 단계에서 조절할 수 있습니다.

3-1-8. 영상 복원

이미지에 포함된 노이즈를 제거하거나 손상된 부분을 복원하는 단계입니다. 주로 필터링, 보간법 등을 사용하여 이미지의 품질을 향상시킵니다.

3-1-9. 결과 출력

최종적으로 처리된 이미지 또는 이미지에 대한 정보가 시각적으로 표시되거나 다른 컴퓨터 시스템에서 활용될 수 있는 형태로 출력됩니다.

3-2. 이미지 처리 분야

이미지 처리 분야는 이미지 자체를 처리하는 방식과 이미지 처리를 응용하는 분야로 구분할 수 있습니다.

3-2-1. 이미지 분류(Image Classification)

주어진 이미지를 특정 범주 또는 클래스로 분류하는 기능입니다. 고양이와 강아지의 이미지를 분류하거나 손글씨 숫자를 식별하는 숫자 인식 등이 이미지 분류에 해당합니다. 주로 신경망 기반의 딥러닝 알고리즘, 특히 CNN을 많이 사용합니다.

3-2-2. 이미지 분할(Image Segmentation)

이미지를 픽셀 수준에서 세분화하여, 각 픽셀을 특정 개체 또는 영역으로 할당하는 작업입니다. 의료 영상에서 종양의 경계를 식별하거나, 도로 이미지에서 건물, 자동차, 도로 등을 서로 다른 픽셀로 분할하는 것이 이미지 분할에 해당됩니다. U-Net, R-CNN 등이 딥러닝 기반 분할 알고리즘으로 사용됩니다.

3-2-3. 객체 검출(Object Detection)

이미지 내에서 특정 객체의 존재와 위치를 찾는 작업입니다. 자율 주행 자동차에서 보행자나 다른 차량의 위치를 검출하거나, 보안 감시에서 이상 행동을 감지하는 데 사용됩니다. Faster R-CNN, YOLO 등이 대표적이 객체 검출 알고리즘입니다.

5.5 이미지 분류, 검출, 분할 예시

3-2-4. 이미지 인식(Image Recognition)

이미지 내에서 특정 객체의 종류를 인식하고 분류하는 작업입니다. 객체 검출과 유사하지만, 이미지 인식에서는 위치 정보에 중점을 두지 않습니다. 사진 속에 어떤 동물이 있는지 인식하거나, 제품의 브랜드를 식별하는 등의 용도로 사용됩니다. 이미지 분류에 사용되는 알고리즘인 딥러닝 기반의 CNN이 많이 사용됩니다.

3-2-5. 이미지 생성(Image Generation)

주어진 조건에 따라 새로운 이미지를 생성하는 작업입니다. 스타일 변환, 캐릭터 생성, 고품질 이미지 생성 등에 사용할 수 있으며, GAN이 주로 생성 모델로 이용됩니다.

4 객체 인식

인공지능은 알고리즘이 아무리 뛰어나도 원천 데이터(일반 이미지)만으로는 분류, 탐지, 객체를 인지할 수 없습니다.

이미지 내에서 특정 객체를 검출, 탐지, 인식하기 위해서는 학습용 데이터 세트가 정확하고 충분히 만들어져야 합니다. 알고리즘은 CNN 혹은 Yolo와 같은 것을 이용하더라도, 일반적으로 지도학습에 필요한 학습용 데이터 세트가 필요하게 됩니다.

인공지능이 데이터를 이해할 수 있도록 원천 데이터에 객체의 구역을 지정해 주고, 속성과 정보를 부여하는 작업을 이미지 라벨링 혹은 어노테이션이라고 합니다.

객체 인식을 위한 학습용 데이터 세트는 다양한 라벨링 방법으로 만들 수 있으며, 목적에 맞게 라벨링 방법을 선택하여 사용합니다. 라벨링을 하여, 학습용 데이터 세트를 만드는 것을 데이터 가공이라고 합니다.

4-1. 데이터 가공을 위한 이미지 라벨링의 종류

비정형 데이터를 가공하여 학습용 데이터로 만들려면 라벨링 작업이 필요합니다. 라벨링은 정답을 표시하여 기계학습을 시키는 데 필요한 데이터로 변환하는 것을 의미합니다. 이미지의 경우, 원천 데이터의 품질뿐만 아니라 개발하려는 인공지능의 목적에 맞게 가공된 학습용 데이터 세트의 품질도 매우 중요합니다.

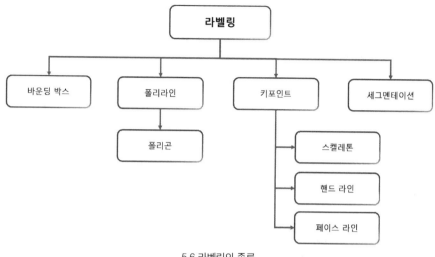

5.6 라벨링의 종류

이미지 라벨링의 결과는 이미지 파일과 라벨링의 정보를 포함하는 파일이 쌍으로 만들어지거나 image 파일이 있는 폴더에 라벨링 정보를 포함하는 파일이 만들어집니다. 라벨링 정보를 포함하고 있는 파일은 json이나 xml 파일로 존재하게 됩니다. 예를 들면 image1.jpg 파일을 라벨링한 결과는 image1.json의 형태로 존재하거나, .json으로 끝나는 파일에 라벨링 결과가 포함되어 있습니다.

라벨링 방법	예시
바운딩 박스(Bounding Box): 객체를 직사각형 모양의 박스 안에 포함되도록 그리는 라벨링 방법으로 가장 일반적으로 사용됩니다. 바운딩 박스는 객체 전체가 포함되도록 하며, 박스 안에 객체 이외의 여백을 최소화하도록 지정해야 합니다.	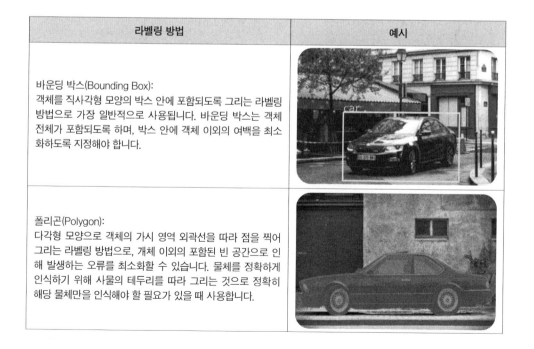
폴리곤(Polygon): 다각형 모양으로 객체의 가시 영역 외곽선을 따라 점을 찍어 그리는 라벨링 방법으로, 개체 이외의 포함된 빈 공간으로 인해 발생하는 오류를 최소화할 수 있습니다. 물체를 정확하게 인식하기 위해 사물의 테두리를 따라 그리는 것으로 정확히 해당 물체만을 인식해야 할 필요가 있을 때 사용합니다.	

폴리라인(Polyline):
여러 개의 점을 가진 선을 활용하여 특정 영역을 마킹함으로써 인도, 차선 등을 구분하기 위해 사용합니다.

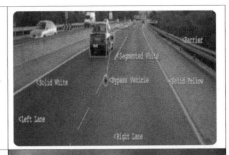

키포인트(Key Point):
특정 지점을 라벨링하는 작업으로 인식을 통한 감성 분석과 같이 정밀하고 섬세한 작업을 요구하는 기술에 사용할 수 있습니다. 객체의 특징점을 지정하여 물체를 추적하고 인식하기 위한 용도로 사용합니다.

스켈레톤(Skeleton):
전체적인 모션 캡처나 이상 행동 등 사람의 움직임을 검출할 필요가 있는 경우에 사용합니다. 사람의 관절이나 기계의 움직임을 표현할 수 있는 곳의 정보를 얻기 위해 사용합니다. 스포츠 동작 분석, 댄스 동작 분석 등에 활용됩니다.

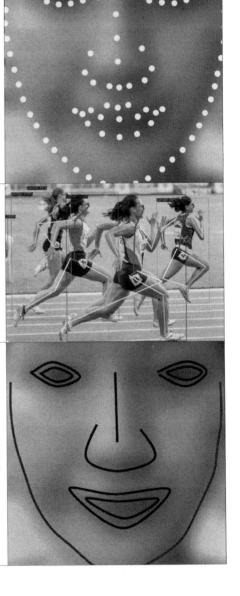

페이스 라인(Face Line):
얼굴 그 자체를 인식하기 위한 방식으로 눈, 코, 입을 포함한 얼굴선에 대한 라벨링을 진행합니다. 일반 안면 인식 기술에 주로 사용합니다. 키포인트는 감정 인식용으로 활용하고 있습니다.

핸즈 라인(Hands Line): 수어 등 손의 움직임으로 파악하기 위해 손의 마디를 검출할 필요가 있는 경우 사용합니다.	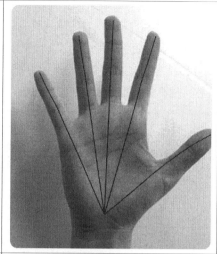
세그멘테이션(Segmentation): 각 픽셀이 속하는 클래스 또는 세그멘트를 나타내는 레이블로 구성됩니다. 일반적으로 세그멘테이션 작업에는 픽셀 당 하나 의 클래스 레이블이 있습니다. 이 레이블은 해당 픽셀이 속하 는 객체 또는 배경을 나타냅니다.	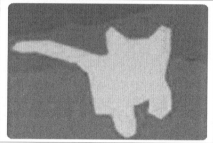

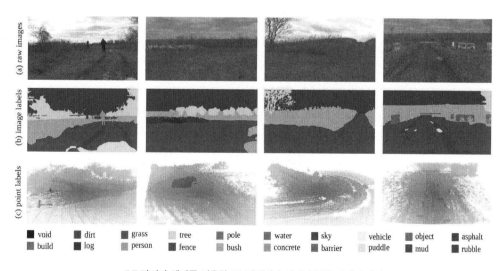

5.7 라이다 센서를 이용한 3D 라벨링과 이미지 분할 라벨링 예시

원본 이미지

라벨링된 이미지

```
{
    "images":[
        {
            "id": 22,
                "file_name": "4350.
png",
            "width": 400,
            "height": 225
        },
            "image_id": 22,
            "bbox": [
                291,
                92,
                17,
                7
            ],
            "category_id": 9,
            "id": 120
        ],
    "categories": [
        {
                "supercategory":
"none",
            "id": 9,
            "name": "Helmet"
        }
    ],
```

그림 5.8 라벨링 정보 예시

〈그림 5.8〉은 설명을 위해서 일부를 발췌한 것으로 실제는 더 많은 정보가 포함되어 있습니다.

'image'의 item으로는 id와 이미지의 파일 이름(file_name), 이미지의 크기(width, height)가 있습니다.

image_id 22번에 해당되는 파일에는 1개의 bbox가 있으며, 좌표는 (291,92)이고 넓이와 높이는 각각(17, 7)입니다.

이 bbox는 'category_id' 9번의 라벨을 갖고 있고, 라벨의 이름은 'categories'에 정의되어 있는 "Helmet"입니다.

coco format으로 된 json 파일을 읽고, 이미지에 라벨링을 바운딩 박스로 표시해 주는 예제 프로그램입니다. 클래스는 1개로, 클래스 이름은 '헬멧'입니다. CCTV에서 자전거 혹은 오토바이를 탈 때 헬멧을 착용했는지를 검출하는 프로그램을 위한 학습용 데이터 세트입니다.

images 폴더에 이미지가 저장되어 있고, 같은 폴더에 coco.json이란 파일로 라벨링 정보가 저장되어 있습니다.

화면에 나타난 이미지에서 좌우 화살표 키를 누르면 Box가 다음 헬멧으로 이동합니다.

30. Bounding Box 예제 프로그램

```python
import tkinter as tk
from PIL import Image, ImageTk
import json
from tkinter import filedialog


label = " "
```

```python
box = []


class ImageLabelViewer:
    def __init__(self, root, image_folder, label_file):
        self.root = root
        self.image_folder = image_folder
        self.label_file = label_file

        self.images = []
        self.labels = []
        self.boxes = []  # Initialize as an empty list

        self.photo_images = []  # List to store references to PhotoImage
objects
        self.current_index = 0
        label = " "
        box = []

        self.load_data()

        self.canvas = tk.Canvas(root, width=800, height=600)
        self.canvas.pack()

        self.update_image()

        root.bind('<Right>', self.next_image)
        root.bind('<Left>', self.prev_image)
```

```python
    def update_image(self):
        image = ImageTk.PhotoImage(self.images[self.current_index])
        self.photo_images.append(image)  # Store reference in the list
        self.canvas.config(width=image.width(), height=image.height())
        self.canvas.create_image(0, 0, anchor='nw', image=image)
        self.canvas.image = image

        label_text = f"Class: {self.labels[self.current_index]}"
        self.canvas.create_text(10, 10, anchor='nw', text=label_text,
fill='white', font=('Arial', 12))

        box = self.boxes[self.current_index]
        x, y, width, height = box
        self.canvas.create_rectangle(x, y, x + width, y + height,
outline='red', width=2)
        print("Class : ", label_text, " Location : ", box)

    def load_data(self):
        with open(self.label_file, 'r') as f:
            data = json.load(f)

        for item in data['categories']:
            label = item['name']

        for item in data['annotations']:
            box = item['bbox']
            id = item['image_id']
```

```python
            for item1 in data['images']:
                image_path = f"{self.image_folder}/{item1['file_name']}"
                if id == item1['id']:
                    self.images.append(Image.open(image_path))
                    self.labels.append(label)
                    self.boxes.append(box)


    def next_image(self, event):
        if self.current_index < len(self.images) - 1:
            self.current_index += 1
            self.update_image()


    def prev_image(self, event):
        if self.current_index > 0:
            self.current_index -= 1
            self.update_image()


if __name__ == "__main__":
    root = tk.Tk()
    root.title("Labeled Image Viewer")


    image_folder_path = '/Users/Jaege/TestPGM/Images'
    label_json_path = '/Users/Jaege/TestPGM/Images/coco.json'


    viewer = ImageLabelViewer(root, image_folder_path, label_json_path)


    root.mainloop()
```

Class :   Location :   [173, 5, 84, 66]

　다음으로는 Faster RCNN을 활용하여 물체를 인식하는 예제 프로그램입니다. 3장에서 보여 드린 Yolo보다 다소 간편하게 만들 수 있었던 것은 미리 훈련된 프로그램을 불러 사용하였기 때문입니다. Pre-Trained Model이라고 하는데, 대규모 데이터 세트를 활용하여 미리 정의된 물체를 인식할 수 있도록 제공되는 것입니다.

　예제 프로그램에 'coco_classes'라고 정의된 목록의 물체를 주어진 이미지에서 인식할 수 있습니다. 3장에서 Yolo로 인식하는 프로그램과 함께 비교하여 보시기 바랍니다.

31. 객체 탐지(Object Detection) 예제 프로그램

```python
import torch
from torchvision.models.detection import fasterrcnn_resnet50_fpn
from torchvision.transforms import functional as F
from PIL import Image, ImageDraw
```

```python
import json

# COCO 데이터 세트의 클래스 목록
coco_classes = [
    '__background__', 'person', 'bicycle', 'car', 'motorcycle', 'airplane',
    'bus', 'train', 'truck', 'boat', 'traffic light', 'fire hydrant',
    'stop sign', 'parking meter', 'bench', 'bird', 'cat', 'dog', 'horse',
    'sheep', 'cow', 'elephant', 'bear', 'zebra', 'giraffe', 'backpack',
    'umbrella', 'handbag', 'tie', 'suitcase', 'frisbee', 'skis', 'snowboard',
    'sports ball', 'kite', 'baseball bat', 'baseball glove', 'skateboard',
    'surfboard', 'tennis racket', 'bottle', 'wine glass', 'cup', 'fork',
    'knife', 'spoon', 'bowl', 'banana', 'apple', 'sandwich', 'orange',
    'broccoli', 'carrot', 'hot dog', 'pizza', 'donut', 'cake', 'chair',
    'couch', 'potted plant', 'bed', 'dining table', 'toilet', 'tv',
    'laptop', 'mouse', 'remote', 'keyboard', 'cell phone', 'microwave',
    'oven', 'toaster', 'sink', 'refrigerator', 'book', 'clock', 'vase',
    'scissors', 'teddy bear', 'hair drier', 'toothbrush'
]

def load_model():
    # 미리 훈련된 Faster R-CNN 모델을 로드합니다.
```

```python
    model = fasterrcnn_resnet50_fpn(pretrained=True)
    model.eval()
    return model


def predict(model, image_path, threshold=0.5):
    # 이미지를 불러오고 전처리합니다.
    image = Image.open(image_path).convert("RGB")
    image_tensor = F.to_tensor(image).unsqueeze(0)

    # 모델에 입력하고 예측을 수행합니다.
    with torch.no_grad():
        prediction = model(image_tensor)

    # 예측 결과를 시각화합니다.
    draw = ImageDraw.Draw(image)
    for score, label, box in zip(prediction[0]['scores'], prediction[0]
['labels'], prediction[0]['boxes']):
        if score >= threshold:
            box = [round(i, 2) for i in box.tolist()]
            draw.rectangle(box, outline="yellow", width=2)
            draw.text((box[0], box[1]), f"{coco_classes[label]}: {round(score.
item(), 3)}", fill="red")

    image.show()


image_path = '/Users/Jaege/TestPGM/Yolo/image4.jpeg'

# 모델을 로드합니다.
```

```
model = load_model()


# 예측을 수행하고 결과를 시각화합니다.

predict(model, image_path)
```

결과 출력

생성형 인공지능은 사용자의 입력에 대응하여 텍스트, 이미지, 음악, 비디오 등을 생성할 수 있는 시스템입니다. 이 중 이미지 생성은 컴퓨터 비전 분야에서 각광을 받고 있는 분야 중 하나입니다. 사용된 데이터 세트를 학습하여 데이터의 패턴과 구조를 학습한 후, 유사 특징이 있는 새로운 데이터를 만들어 내는 것입니다.

유명한 생성형 AI는 ChatGPT가 있고, ChatGPT는 GPT-3, GPT-4를 기반으로 하는 대형 언어 모델로, 사용자의 명령에 대응하여 텍스트 문장을 생성해 내는 기능을 갖고 있습니다.

이미지 생성과 연관된 모델은 스테이블 디퓨전과 달리 등이 있습니다.

생성형 AI는 2014년 생성형 적대 신경망(GAN, Generative Adversarial Network)이 소개되면서 각광을 받기 시작했습니다. GAN은 앞서 3장에서 설명한 바 있습니다.

이미지 생성에 사용되는 기술들을 간략히 소개했습니다.

5-1. 생성형 적대 신경망(GAN, Generative Adversarial Network)

GAN은 2014년 lan Goodfellow와 그의 동료들에 의해 소개된 기술로, 생성자(Generator)와 판별자(Discriminator)라는 두 개의 신경망이 서로 대립하여 경쟁하는 구조를 갖고 있는 것이 가장 큰 특징입니다.

생성자는 실제와 같은 이미지를 생성하려고 노력하고, 감별자는 생성자의 출력이 실제 이미지인지 가짜 이미지인지 판별하는 동작을 합니다. 이 두 신경망이 계속 경쟁하면서 실제 이미지에 더 근접한 가짜 이미지를 생성하게 됩니다.

아래 예제는 앞서 설명한 13번 예제와 비슷한 구조를 갖고 있습니다. 13번 예제는 흑백 이미지이고, 이번 예제는 컬러 이미지이기 때문에 생성자와 판별자의 모델은 다르지만 학습하는 과정은 동일합니다. 서로 비교하여 보시기 바랍니다.

그리고 PC에서의 생성 모델을 수행하는 것은 시간이 오래 걸립니다.

32. GAN을 이용한 이미지 생성 예제

```python
import tensorflow as tf
from tensorflow.keras import layers, models
import numpy as np
import matplotlib.pyplot as plt
from keras.datasets import cifar10
from tensorflow.keras.models import Model


# Generator 모델 정의
def build_generator(latent_dim, image_dim):
    model = models.Sequential()
#    model.add(layers.Dense(512, input_dim=latent_dim, activation='relu'))
#origin
    model.add(layers.Dense(8*8*256, use_bias=False, input_shape=(100,)))
#origin M
#    model.add(layers.Dense(8*8*256, input_dim=latent_dim)) #origin M
```

```python
    model.add(layers.BatchNormalization())
    model.add(layers.LeakyReLU())


    model.add(layers.Reshape((8,8,256)))


    model.add(layers.Conv2DTranspose(128, kernel_size=(5, 5), strides=(1, 1),
                            padding='same', use_bias=False))
    model.add(layers.BatchNormalization())
    model.add(layers.LeakyReLU())
    model.add(layers.Conv2DTranspose(64, kernel_size=(5, 5), strides=(2, 2),
                            padding='same', use_bias=False))
    model.add(layers.BatchNormalization())
    model.add(layers.LeakyReLU())


    model.add(layers.Conv2DTranspose(3, kernel_size=(5, 5), strides=(2, 2),
                            padding='same', activation='tanh'))


    return model


# Discriminator 모델 정의
def build_discriminator(image_dim):
    model = models.Sequential()
    model.add(layers.Conv2D(64,kernel_size=(5,5), strides=(2, 2),
                        padding='same',input_shape=[32,32,3]))
    model.add(layers.LeakyReLU())
#    model.add(layers.Dropout(0.3))
    model.add(layers.Conv2D(128, kernel_size=(5, 5), strides=(2, 2),
                        padding='same'))
```

```
        model.add(layers.LeakyReLU())
#        model.add(layers.Dropout(0.3))


        model.add(layers.Flatten())
        model.add(layers.Dense(1, activation='sigmoid'))
        return model


# GAN 모델 정의
def build_gan(generator, discriminator):
        discriminator.trainable = False
        model = models.Sequential()
        model.add(generator)
        model.add(discriminator)
        return model


# 생성된 이미지 확인
def plot_generated_images(generator, examples=10, dim=(1, 10), figsize=(10,
1)):
        noise = np.random.normal(0, 1, size=(examples, latent_dim))
        generated_images = generator.predict(noise)
        generated_images = (generated_images + 1) / 2  # [0, 1] 범위로 변환


        generated_images = generated_images.reshape(examples, 32, 32,3)


        plt.figure(figsize=figsize)
        plt.title("Generated Image")
        plt.axis('off')
        for i in range(10):
```

```python
        plt.subplot(dim[0], dim[1], i+1)
            plt.imshow(generated_images[i], interpolation='nearest')#,
cmap='gray_r')
        plt.axis('off')
    plt.show()


# Load CIFAR-10 dataset
(X_train, _), (X_test, _) = cifar10.load_data()


#Nomalizing
x_train = (X_train - 127.5) / 127.5
x_test = (X_test - 127.5) / 127.5


# 모델 및 최적화기 초기화
latent_dim = 100
image_dim = 32 * 32 * 3
lr = 0.0002


generator = build_generator(latent_dim, image_dim)
generator.compile(optimizer=tf.keras.optimizers.Adam(learning_rate=lr,
                                beta_1=0.5), loss='binary_crossentropy')
#generator.summary()
discriminator = build_discriminator(image_dim)
discriminator.compile(optimizer=tf.keras.optimizers.Adam(learning_rate=lr,
                                beta_1=0.5), loss='binary_crossentropy')
#discriminator.summary()
gan = build_gan(generator, discriminator)
gan.compile(optimizer=tf.keras.optimizers.Adam(learning_rate=lr,
```

```
                                        beta_1=0.5), loss='binary_crossentropy')
gan.summary()


# 학습
batch_size = 128
epochs = 10000
num_examples = 10
d_loss = []
g_loss = []


for epoch in range(epochs):
    noise = np.random.normal(0, 1, size=(batch_size, latent_dim))
    generated_images = generator.predict(noise)


    real_images = x_train[np.random.randint(0, x_train.shape[0], batch_size)]


    real_images = real_images.reshape(batch_size, 32,32,3)


    labels_real = np.ones((batch_size, 1))
    labels_fake = np.zeros((batch_size, 1))


    discriminator.trainable = True
    d_loss_real = discriminator.train_on_batch(real_images, labels_real)
     d_loss_fake = discriminator.train_on_batch(generated_images, labels_
fake)


    d_loss.append(0.5 * np.add(d_loss_real,d_loss_fake))
```

```python
        noise = np.random.normal(0, 1, size=(batch_size, latent_dim))
        labels_gan = np.ones((batch_size, 1))


        discriminator.trainable = False
        g_loss.append(gan.train_on_batch(noise, labels_gan))


        if epoch % 1000 == 0:
                print(f"Epoch {epoch}, D Loss: {d_loss[epoch]}, G Loss: {g_
loss[epoch]}")

        plot_generated_images(generator)
print(f"Epoch {epoch}, D Loss: {d_loss[epoch]}, G Loss: {g_loss[epoch]}")

#plot loss trends
plt.plot(d_loss, label="d_loss")
plt.plot(g_loss, label="g_loss")
plt.legend()

#원본이미지 출력
dim=(1,10)
figsize = (10,1)
plt.figure(figsize=figsize)
plt.title("Input Image")
plt.axis('off')

for i in range(10):
    plt.subplot(dim[0], dim[1], i+1)
    plt.imshow(X_train[i],interpolation='nearest')#, cmap='gray_r')
    plt.axis('off')
```

plot_generated_images(generator)

epoch = 20000

Input Image

Generated Image

epoch = 40000

Generated Image

5-2. VAE(Variational Auto Encoders)

    VAE는 잠재 공간(latent space)에서 데이터를 생성하는 확률적 모델입니다. 입력 이미지를 잠재 공간에 매핑하는 인코더와 잠재 공간에서 실제 이미지를 생성하는 디코더로 구성됩니다. 학습 중에 VAE는 입력 이미지와 생성된 이미지 간의 유사성을 유지하면서 잠재 공간을 학습하게 됩니다.

    VAE는 입력 이미지를 잘 설명하는 특징을 추출하여 Latent Vector에 담고, 입력 이미지와 유사하지만 완전히 새로운 데이터를 생성하는 것을 목표로 합니다.

    아래는 VAE 방식으로 손글씨 이미지를 학습한 후에, 입력 손글씨 이미지를 기반으로 유사한 이미지를 생성하는 예제 프로그램입니다. 이 작업을 하는 데 손실 함수에 따라 이미지 생성의 결과가 많이 좌우되니 손실 함수의 값을 변경해 가면서 확인해 보시기 바랍니다.

33. VAE 예제 프로그램

```python
import numpy as np

import tensorflow as tf

from tensorflow.keras import layers, models

from tensorflow.keras.datasets import mnist

from tensorflow.keras import backend as K

import matplotlib.pyplot as plt

import keras


# Load MNIST dataset
(x_train, _), (x_test, _) = mnist.load_data()
```

```python
# Normalize pixel values to be between 0 and 1
x_train = x_train.astype('float32') / 255.0
x_test = x_test.astype('float32') / 255.0


# Flatten the images
x_train = x_train.reshape((len(x_train), np.prod(x_train.shape[1:])))
x_test = x_test.reshape((len(x_test), np.prod(x_test.shape[1:])))


# Define VAE model
original_dim = 28 * 28
latent_dim = 4
r_loss_factor= 0


# Encoder
input_img = tf.keras.Input(shape=(original_dim,))
h = layers.Dense(256, activation='relu')(input_img)
z_mean = layers.Dense(latent_dim)(h)
z_log_var = layers.Dense(latent_dim)(h)


# Sampling layer
def sampling(args):
    z_mean, z_log_var = args
    batch = K.shape(z_mean)[0]
    dim = K.int_shape(z_mean)[1]
    epsilon = K.random_normal(shape=(batch, dim))
    return z_mean + K.exp(0.5 * z_log_var) * epsilon


z = layers.Lambda(sampling, output_shape=(latent_dim,))([z_mean, z_log_var])
```

```python
# Build encoder model
encoder = models.Model(input_img, [z_mean, z_log_var, z])
encoder.summary()


# Decoder
decoder_h = layers.Dense(256, activation='relu')
#decoder_mean = layers.Dense(original_dim, activation='sigmoid')
decoder_mean = layers.Dense(original_dim, activation='linear')
h_decoded = decoder_h(z)
x_decoded_mean = decoder_mean(h_decoded)


# Build decoder model
decoder_input = tf.keras.Input(shape=(latent_dim,))
_h_decoded = decoder_h(decoder_input)
_x_decoded_mean = decoder_mean(_h_decoded)
decoder = models.Model(decoder_input, _x_decoded_mean)
decoder.summary()


class VAE(models.Model):
    def __init__(self, encoder, decoder, **kwargs):
        super().__init__(**kwargs)
        self.encoder = encoder
        self.decoder = decoder
        self.total_loss_tracker = keras.metrics.Mean(name="total_loss")
        self.reconstruction_loss_tracker = keras.metrics.Mean(
            name="reconstruction_loss"
        )
```

```python
        self.kl_loss_tracker = keras.metrics.Mean(name="kl_loss")

    @property
    def metrics(self):
        return [
            self.total_loss_tracker,
            self.reconstruction_loss_tracker,
            self.kl_loss_tracker,
        ]

    def train_step(self, data):
        with tf.GradientTape() as tape:
            z_mean, z_log_var, z = self.encoder(data)
            reconstruction = self.decoder(z)
            reconstruction_loss = tf.reduce_mean(
                tf.reduce_sum(
                    keras.losses.binary_crossentropy(data, reconstruction)
                )
            )
            kl_loss = -0.5 * (1 + z_log_var - tf.square(z_mean) - tf.exp(z_log_var))
            kl_loss = tf.reduce_mean(tf.reduce_sum(kl_loss, axis=1))
            total_loss = reconstruction_loss + kl_loss
        grads = tape.gradient(total_loss, self.trainable_weights)
        self.optimizer.apply_gradients(zip(grads, self.trainable_weights))
        self.total_loss_tracker.update_state(total_loss)
        self.reconstruction_loss_tracker.update_state(reconstruction_loss)
        self.kl_loss_tracker.update_state(kl_loss)
```

```python
        return {
            "loss": self.total_loss_tracker.result(),
                "reconstruction_loss": self.reconstruction_loss_tracker.
result(),
            "kl_loss": self.kl_loss_tracker.result(),
        }


vae = VAE(encoder, decoder)
vae.compile(optimizer='Adam')
vae.fit(x_train, epochs=30, batch_size=128)


# Display original and reconstructed images
n = 10
plt.figure(figsize=(20, 4))


for i in range(n):
    # Display original images
    ax = plt.subplot(2, n, i + 1)
    plt.imshow(x_test[i].reshape(28, 28))
    plt.gray()
    ax.get_xaxis().set_visible(False)
    ax.get_yaxis().set_visible(False)

    # Display reconstructed images
    ax = plt.subplot(2, n, i + 1 + n)
    z_sample = encoder.predict(np.array([x_test[i]]))[0]
    x_decoded = decoder.predict(z_sample)
    plt.imshow(x_decoded[0].reshape(28, 28))
```

```
    plt.gray()

    ax.get_xaxis().set_visible(False)

    ax.get_yaxis().set_visible(False)


plt.show()
```

결과 출력

활성화 함수 = sigmoid

활성화 함수 = linear

5-3. 뉴럴 변환(Neural Style Transfer)

뉴럴 변환은 두 이미지를 결합하여 하나의 새로운 이미지를 생성하는 기술입니다. 주로 딥러닝을 사용하여 입력 이미지 내용과 스타일 이미지의 스타일을 결합하여 새로운 이미지를 생성합니다. CNN과 같은 신경망을 사용하여 각 이미지의 특징을 추출하고 결합하는 방식으로 작동합니다.

아래 예제 코드는 VGG19라는 사전학습 모델을 이용하여 처리하였습니다. VGG19는 19 계층으로 구성된 CNN입니다. 이미지넷 데이터베이스를 이용하여 다양한 이미지를 학습한 모델입니다. VGG19 신경망은 이미지의 크기를 224×224로 훈련하였기 때문에, 예제에 사용한 이미지의 크기도 224×224로 만들어 사용해야 합니다.

34. Neural Style Image 예제 코드

```python
import numpy as np
import tensorflow as tf
from tensorflow.keras.preprocessing.image import load_img, img_to_array
from tensorflow.keras.applications import vgg19
from tensorflow.keras import backend as K
from tensorflow.image import resize
from scipy.optimize import fmin_l_bfgs_b
import matplotlib.pyplot as plt
from tensorflow.keras.layers import Input
from tensorflow.keras import models, losses, optimizers


# Load and preprocess images
target_image_path = 'pattern2.jpg'    # 원본 이미지
style_reference_image_path = 'pattern4.jpg'    # 스타일 이미지


width, height = load_img(target_image_path).size


#VGG19 pre-trained model supports 224x224 size only
img_height = 224
img_width = 224
```

```python
optimizer = tf.keras.optimizers.Adam(learning_rate=0.02)


def deprocess_image(x):
    x = x.reshape((img_height, img_width, 3))
    # Reverse of preprocess_input
    x[:, :, 0] += 103.939
    x[:, :, 1] += 116.779
    x[:, :, 2] += 123.68
    x = x[:, :, ::-1]
    x = np.clip(x, 0, 255).astype('uint8')
    return x


# Content loss
def content_loss(base, target):
    return tf.reduce_mean(tf.square(base - target))


# Define the neural style loss
def style_loss(style, combination):
    S = gram_matrix(style)
    C = gram_matrix(combination)

    # Ensure S has 3 dimensions
    if len(S.shape) == 2:
        S = tf.expand_dims(S, axis=0)

    # Resize style matrix to match the size of the combination matrix
    new_shape = tf.shape(C)
        S_resized = tf.image.resize(S, (new_shape[0], new_shape[1]),
```

```
    method='nearest')


        channels = 3
        size = tf.cast(new_shape[0] * new_shape[1], dtype=tf.float32)


        # Adjust the computation to handle the batch dimension in S_resized
        batch_size = tf.shape(S_resized)[0]
        S_resized = tf.reshape(S_resized, (size, -1))
        C = tf.reshape(C, (size, -1))


        return tf.reduce_sum(tf.square(S_resized - C)) / (4.0 * (channels ** 2) *
(size ** 2))


# Compute the Gram matrix
def gram_matrix(x):
    features = K.batch_flatten(K.permute_dimensions(x, (2, 0, 1)))
    gram = K.dot(features, K.transpose(features))
    return gram


# Define total variation loss to maintain spatial coherence
def total_variation_loss(x):
#     print("x", x.shape)
    h, w = x.shape[1], x.shape[2]
    a = tf.square(x[:, :h-1, :w-1, :] - x[:, 1:, :w-1, :])
    b = tf.square(x[:, :h-1, :w-1, :] - x[:, :h-1, 1:, :])
    return tf.reduce_sum(tf.pow(a + b, 1.25))


# Combine losses
```

```python
def total_loss(model, loss_weights, generated_image, content_image, style_
image):
    content_weight, style_weight = loss_weights

    model_outputs = model(generated_image)
    content_features = model_outputs[0]
    style_features = model_outputs[1:]

    content_loss_value = content_loss(content_features[0], model(content_
image)[0])

    style_loss_value = 0
    for layer, weight in zip(style_features, style_weight):
        style_loss_value += weight * style_loss(layer[0], model(style_image)
[0])

    total_variation_loss_value = total_variation_loss(generated_image)

    total_loss = content_weight * content_loss_value + style_loss_value +
total_variation_loss_value

    return total_loss

def style_transfer(target_image_path, style_reference_image_path,
iterations=20):
    # Load images400
    target_image = tf.keras.preprocessing.image.load_img(target_image_path,
target_size=(224, 224))
```

```python
    style_reference_image = tf.keras.preprocessing.image.load_img(style_
reference_image_path, target_size=(224, 224))

    plt.figure(figsize=(10, 10))

    plt.subplot(131)
    plt.imshow(target_image)
    plt.title('Content Image')

    plt.subplot(132)
    plt.imshow(style_reference_image)
    plt.title('Style Image')


    # Convert images to arrays and expand dimensions
    target_image = tf.expand_dims(tf.keras.preprocessing.image.img_to_
array(target_image), axis=0)
    style_reference_image = tf.expand_dims(tf.keras.preprocessing.image.img_
to_array(style_reference_image), axis=0)
    original_image = target_image

    # Convert arrays to tensors
    target_image = tf.convert_to_tensor(target_image)
    style_reference_image = tf.convert_to_tensor(style_reference_image)

    combination_image = tf.Variable(original_image)
    base_model = vgg19.VGG19(weights='imagenet', include_top=False)
    input_layer = Input(shape=(None, None, 3))
```

```python
# 기존의 VGG19 모델을 새로운 입력에 적용합니다
vgg_output = base_model(input_layer)
modified_output = tf.keras.layers.Conv2D(3, (1, 1),
                                activation='sigmoid')(vgg_output)


# 업샘플링 레이어를 추가합니다
upsample_layer = tf.keras.layers.UpSampling2D(size=(32, 32))
upsampled_output = upsample_layer(modified_output)


# 새로운 모델을 정의합니다
model = tf.keras.Model(inputs=input_layer, outputs=upsampled_output)


content_weight = 1e3
style_weight = [1e-2, 1e-2, 1e-3, 1e-3, 1e-3]
loss_weights = (content_weight, style_weight)
generated_image = combination_image
content_image = target_image
style_image = style_reference_image


####
    outputs_dict = dict([(layer.name, layer.output) for layer in model.
layers])


    for i in range(iterations):
        print('Iteration', i)
        with tf.GradientTape() as tape:
            loss_value = total_loss(model, loss_weights, generated_image,
content_image, style_image)
```

```
        grads = tape.gradient(loss_value, combination_image)
        optimizer.apply_gradients([(grads, combination_image)])
        combination_image.assign(tf.clip_by_value(
                                combination_image,clip_value_min=0.0,
                                clip_value_max=255.0))


    if i % 100 == 0:
        img = deprocess_image(combination_image.numpy())

    plt.subplot(133)
    plt.imshow(img)
    plt.title('Combination Image')


    plt.show()


# Run style transfer
style_transfer(target_image_path, style_reference_image_path)
```

결과 출력

콘텐트 이미지와 스타일 이미지의 특징을 추출하여 합성한 이미지입니다. 콘텐트 이미지의 패턴 모양과 스타일 이미지 패턴의 대각선 방향이 특징으로 추출되고, 색상이 하늘색으로 변경된 것을 확인할 수 있습니다.

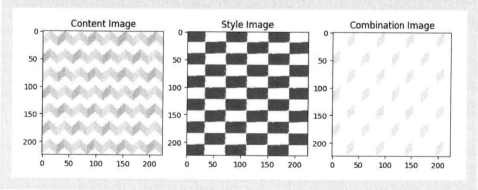

5-4. 슈퍼 레졸루션(Super Resolution)

Super Resolution(슈퍼 레졸루션)은 저해상도 이미지를 고해상도 이미지로 변환하는 기술입니다. 딥러닝을 활용하여 저해상도 이미지를 입력받고, 고해상도 이미지를 생성하는 네트워크를 학습하게 됩니다. CNN 기반의 딥러닝 기술을 사용하는 것이 일반적입니다.

아래는 케라스 라이브러리를 이용한 슈퍼 레졸루션의 간단한 예제 프로그램입니다. CNN를 활용하였고, 학습을 위하여 32×32 이미지를 16×16으로 낮추어 학습 데이터 세트를 만들고, 원본인 32×32 이미지는 레이블로 활용하였습니다.

학습된 인공지능은 입력 이미지보다 2×로 커진 이미지를 보여 줍니다. 예제는 로스가 크게 나와 선명한 이미지를 얻지는 못했습니다. 레이어를 추가하거나 epoch를 높여서 선명한 이미지가 나오는지 실험해 보시기 바랍니다.

35. Super Resolution 예제 코드

```
from keras.layers import Input, Conv2D, MaxPooling2D, UpSampling2D
from keras.models import Model
from keras.optimizers import Adam
from keras.datasets import cifar10
import numpy as np
from skimage.transform import resize


# Load CIFAR-10 dataset
(x_train, _), (x_test, _) = cifar10.load_data()


# Normalize pixel values to be between 0 and 1
```

```python
y_train = x_train.astype('float32') / 255.0 # original is for label(32x32)
y_test = x_test.astype('float32') / 255.0 # original is for label(32x32)


# Down sample the images for training data set(16x16)
x_train = np.array([resize(img, (16, 16, 3), mode='constant', anti_
aliasing=True) for img in y_train])


# Down sampl the images for validation
x_test = np.array([resize(img, (16, 16, 3), mode='constant', anti_
aliasing=True) for img in y_test])
# Model for super-resolution
input_img = Input(shape=(None,None, 3))
#input_img = Input(shape=(16,16,3))


# Encoder
x = Conv2D(3, (3, 3), activation='relu', padding='same')(input_img)
x = Conv2D(64, (3, 3), activation='relu', padding='same')(x)
encoded = Conv2D(6, (3, 3), activation='relu', padding='same')(x)


# Decoder
x = UpSampling2D((2, 2))(encoded)
x = Conv2D(32, (3, 3), activation='relu', padding='same')(x)
decoded = Conv2D(3, (3, 3), activation='sigmoid', padding='same')(x)


autoencoder = Model(input_img, decoded)


# Compile the model
autoencoder.compile(optimizer=Adam(learning_rate=0.0002),
```

```
                        loss='mean_squared_error')
autoencoder.summary()


# Training
autoencoder.fit(x_train, y_train, epochs=20, batch_size=128,
                validation_data=(x_test, y_test))
score = autoencoder.evaluate(x_test, y_test)
print("Test loss:", score)


import matplotlib.pyplot as plt


# Function to plot original and reconstructed images
def plot_images(original, reconstructed, n=5):
    plt.figure(figsize=(10, 4))


    for i in range(n):
        # Display original images
        ax = plt.subplot(2, n, i + 1)
        plt.imshow(original[i])
        plt.title("Original")
#        plt.axis("off")
    plt.show()


    plt.figure(figsize=(10, 4))
    for i in range(n):
        # Display reconstructed images
        ax = plt.subplot(2, n, i + 1 + n)
        plt.imshow(reconstructed[i])
```

```
        plt.title("Reconstructed")
#       plt.axis("off")


    plt.show()


# Generate reconstructed images
reconstructed_images = autoencoder.predict(x_test[:5])
# Plot original and reconstructed images
plot_images(x_test[:5], reconstructed_images)


# 2nd Up resolution
x_test = reconstructed_images
reconstructed_images = autoencoder.predict(x_test[:5])
plot_images(x_test[:5], reconstructed_images)
```

결과 출력

각 이미지의 해상도가 16×16 → 32×32 → 64×64로 변경되는 것을 확인할 수 있습니다.

```
Total params: 7,965 (31.11KB)

Trainable params: 7,965 (31.11KB)

Non-trainable params: 0 (0.00B)
```

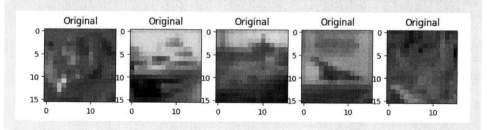

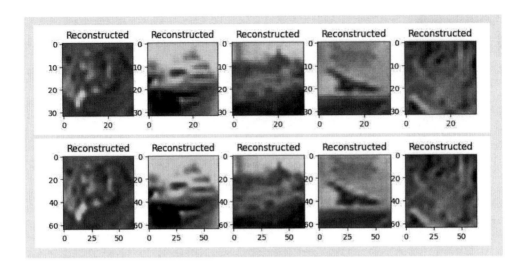

대표적인 기계학습 라이브러리

머신러닝 라이브러리는 예측 모델을 쉽게 개발하고 구현하기 위하여 제공되는 도구를 모아 놓은 것입니다. 머신러닝 혹은 딥러닝 예측 모델의 학습, 평가, 예측을 수행하는 데 필요한 함수, 클래스, 유틸리티 등의 도구를 제공합니다.

이 라이브러리는 데이터 전처리, 알고리즘 구현, 모델 평가 및 선택에 활용되고, 최종적으로 학습된 모델을 이용하여 예측 및 추론을 수행할 수 있습니다.

1 사이킷 런(Scikit-Learn)

사이킷런은 기계학습과 통계 분석을 위한 파이썬 라이브러리입니다. 주로 전통적인 머신러닝 알고리즘을 구현하고 제공합니다. 간단하고 일관된 API를 제공하여 데이터 전처리, 특성 선택, 모델 평가 등 다양한 작업을 할 수 있습니다. 풍부한 기능을 제공하며, 통계적인 알고리즘으로 구현되어 컴퓨터의 자원을 상대적으로 적게 사용합니다. 그래서 작은 규모의 인공지능을 실험적으로 만드는 데 유용합니다.

사이킷런을 이용하여 분산처리를 하거나, 딥러닝 모델을 구현하는 기능은 상대적으로 부족합니다.

주로 사용되는 알고리즘은 서포트 벡터 머신, 결정트리, 랜덤포레스트, KNN, 클러스터링 알고리즘 등이 있습니다.

1-1 사이킷 런의 대표적인 특징

다양한 알고리즘 구현:
분류, 회귀, 군집화, 차원 축소 등 지도학습과 비지도학습에 사용되는 다양한 알고리즘을 제공합니다.

편리한 데이터 전처리 기능:
데이터를 머신러닝 모델에 적용하기 전에 필요한 전처리 작업을 쉽게 수행할 수 있습니다. 특성 스케일링, 결측치 처리, 범주형 데이터 인코딩 등의 작업을 쉽게 할 수 있습니다.

모델 평가 및 선택 도구:

모델의 성능을 평가하고 비교하기 위한 다양한 메트릭과 평가 함수를 제공합니다. 교차 검증, 그리드 서치와 같은 기능을 통해 모델의 매개변수 튜닝을 할 수 있습니다.

효율적이고 간편한 API:

사이킷런의 API는 일관되고 간결하며, 사용자가 모델을 손쉽게 구현하고 활용할 수 있도록 설계되었습니다.

다양한 데이터 세트 제공:

예제 데이터 세트를 제공하여 새로운 알고리즘을 테스트하거나 연습할 때 유용합니다. 붓꽃 데이터 세트 등이 사이킷런에서 제공한 데이터 세트 중의 하나입니다.

온라인 문서와 풍부한 예제:

풍부한 문서와 예제를 제공하여 사용자가 라이브러리를 쉽게 이해하고 활용할 수 있도록 지원하고 있습니다

1-2. 사이킷 런의 설치와 사용

사이킷 런 라이브러리를 파이썬에서 호출하여 사용하려면 패키지를 설치해야 합니다.

```
$ pip install scikit-learn
```

명령어를 사용하여 설치합니다. 설치한 후에는 커널을 리부팅해야 완전히 적용되어

사용할 수 있습니다.

파이썬에서는 해당 모듈을 임포트하여 사용합니다. 예를 들면 아래와 같이 사용합니다.

```python
# 필요한 모듈 또는 클래스를 임포트합니다
from sklearn.model_selection import train_test_split
from sklearn.neighbors import KNeighborsClassifier
from sklearn.metrics import accuracy_score

# 예제 데이터 세트를 불러옵니다
from sklearn.datasets import load_iris

# Iris 데이터 세트를 로드합니다
iris = load_iris()
X = iris.data
y = iris.target

# 데이터를 훈련 세트와 테스트 세트로 나눕니다
X_train, X_test, y_train, y_test = train_test_split(X, y, test_size=0.2, random_state=42)

# K-최근접 이웃 분류기를 초기화하고 훈련합니다
knn = KNeighborsClassifier(n_neighbors=3)
knn.fit(X_train, y_train)

# 모델을 사용하여 예측을 수행합니다
y_pred = knn.predict(X_test)
```

```
# 정확도를 계산합니다
accuracy = accuracy_score(y_test, y_pred)
print(f 'Accuracy: {accuracy} ')
```

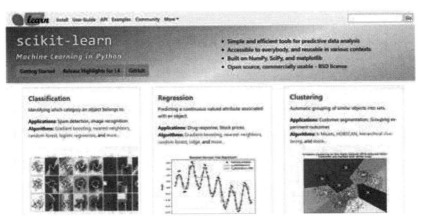

https://scikit-learn.org/stable/

2 케라스(Keras)

케라스는 딥러닝 모델을 쉽게 구축하고 훈련시키기 위한 고수준의 딥러닝 API를 제공합니다.

여러 백엔드 엔진 중 하나를 선택하여 사용할 수 있습니다. 구글에서 연구 목적으로 만들어서 같은 구글에서 만든 텐서플로를 기본 백엔드로 사용하지만, 파이토치와 다른 백엔드 라이브러리도 활용할 수 있습니다. 텐서플로 2.0 이후에 케라스는 텐서플로의 일부로 통합되었습니다.

2-1. 케라스의 대표적인 특징

사용 편의성:

직관적이고 사용하기 쉬운 API를 제공합니다. 간결하고 명확한 문법을 통해 딥러닝 모델을 구축할 수 있어서 입문자부터 전문가까지 다양한 사용자에게 적합합니다. 케라스는 복잡한 세부 사항을 숨기고 높은 수준의 추상화된 직관적인 API를 제공함으로써, 모델을 정의하는 데 필요한 사용자의 생산성과 이해력을 높이고 있습니다.

모듈성과 확장성:

케라스는 모듈성이 높아 다양한 딥러닝 레이어, 손실 함수, 최적화 알고리즘을 쉽게 조합하여 사용할 수 있습니다. 또한 커스텀 레이어와 손실 함수를 사용자가 만들어 적용할 수 있어서 확장성이 좋습니다.

6장 대표적인 기계학습 라이브러리   269

다양한 백엔드 지원:

케라스는 텐서플로, 시아노, CNTK와 같은 다양한 딥러닝 백엔드를 지원합니다. 이 의미는 다른 백엔드 라이브러리를 케라스를 통하여 호출하여 사용할 수 있다는 것입니다. 환경에 따라 선택의 폭이 넓어질 수 있습니다.

빠른 실험 및 프로토타이핑:

모델을 빠르게 실험하고 프로토타입을 개발하기 적합합니다. 간단한 코드로 다양한 아키텍처를 시도하고 실험할 수 있습니다.

커뮤니티와 생태계:

활발한 커뮤니티와 다양한 문서, 튜토리얼, 예제를 제공하여 사용자들이 딥러닝에 대한 지식을 쌓고, 문제를 해결할 수 있도록 지원해 줍니다. 오류에 대해서 비교적 상세한 오류 출력을 해 주어 해결할 수 있도록 도움을 줍니다. 특히 텐서플로와 통합으로 텐서플로의 기능과 생태계를 케라스에서 활용할 수 있습니다. 텐서플로와 통합은 모델의 훈련, 저장, 배포 등에서 일관성을 제공합니다.

2-2. 케라스의 설치와 사용

케라스는 텐서플로의 일부로 통합되었으며, 텐서플로를 설치하면 케라스도 함께 설치됩니다.

```
$ pip install tensorflow
```

이미 텐서플로가 설치되어 있다면, 최신 버전으로 업그레이드할 수 있습니다.

```
$ pip install -U tensorflow
```

설치된 케라스를 확인하는 방법입니다.

```
import keras
print(keras.__version__)
```

케라스를 이용하여 딥러닝 모델을 구현하는 방법입니다.

```
from keras.models import Sequential
from keras.layers import Dense

# Sequential 모델 생성
model = Sequential()

# 레이어 추가
model.add(Dense(units=64, activation='relu', input_dim=100))
model.add(Dense(units=10, activation='softmax'))

# 모델 컴파일
model.compile(loss='categorical_crossentropy',
              optimizer='sgd',
              metrics=['accuracy'])
```

3 텐서플로(TensorFlow)

텐서플로는 딥러닝 및 머신러닝을 위한 오픈소스 라이브러리로, 구글에서 개발하고 관리하고 있습니다.

텐서플로는 다양한 딥러닝 모델을 만들고 훈련시키는 데 사용되며, 다양한 산업 및 연구 분야에서 광범위하게 채택되어 있습니다. 실제로 이미지 인식, 반복 신경망 구성, 기계 번역, 필기 숫자 판별 등에 활용되고 있습니다. 대규모 예측 모델 구성에 강점이 있어서 거의 모든 딥러닝 프로젝트에서 활용도가 높은 라이브러리입니다. 구글에서 관리하는 오픈소스 라이브러리라서 성능 개선이나 안정성 부분에서도 지속적인 발전을 기대할 수 있습니다. 초보자가 사용하기에는 다소 어려운 부분이 있습니다.

텐서플로는 CPU 버전과 GPU 버전이 각각 제공됩니다. GPU를 사용하려면 GPU와 관련된 드라이버 및 CUDA, cuDNN 등과 같은 추가적인 GPU 라이브러리를 설치해야 합니다.

3-1. 텐서플로의 대표적인 특징

그래프 기반의 계산:

텐서플로는 그래프 형태로 표현하며, 그래프를 통해 병렬 처리 및 최적화가 가능하게 합니다.

```
import tensorflow as tf
```

```
# 상수 노드 정의
a = tf.constant(2, name='a')
b = tf.constant(3, name='b')

# 그래프 노드 정의 (덧셈 연산)
c = tf.add(a, b, name='add')

# 즉시 실행
result = c.numpy()
print(result)  # 출력: 5
```

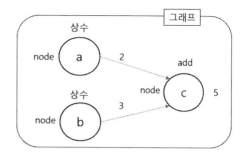

이 예제는 그래프 기반의 계산을 보여 주는 간단한 코드입니다.

다양한 플랫폼 지원:

다양한 플랫폼에서 실행될 수 있도록 모바일, 임베디드 장치, 대규모 분산 시스템에서 동작하는 TensorFlow Lite, TensorFlow.js, TensorFlow Extended(TFX)와 같은 버전이 제공됩니다.

즉시 실행(Eager Execution):

텐서플로 2.0부터는 즉시 실행이 기본 모드로 되어, 파이썬과 유사한 문법으로 계산을 즉시 확인할 수 있습니다.

자동 미분(Auto Differentiation):

자동 미분을 통해 그래프 기반의 모델에서 손실 함수에 대한 기울기를 자동으로 계산할 수 있습니다.

전이 학습을 위한 모델:

텐서플로 허브를 통해 사전 훈련된 모델을 사용할 수 있고, 전이 학습에 이용할 수 있습니다.

텐서보드 지원:

텐서보드는 텐서플로에서 제공하는 시각화 도구입니다. 모델의 훈련 과정 및 성능을 모니터링할 때, 시각화할 수 있게 해 줍니다.

다양한 배포 옵션:

텐서플로 서빙을 통해 모델을 배포하고, 텐서플로 라이트를 통해 모바일 및 임베디드 환경에서 실행할 수 있습니다.

그러나, 초보자는 텐서플로를 익히는 데 시간이 많이 소요될 수 있으며, 다른 딥러닝 라이브러리에 비해 사용하기 어렵다고 느낄 수 있습니다. 대규모 모델 훈련을 할 때는 메모리 사용량이 높으며, 메모리가 적은 경우 학습하는 데 어려움이 있습니다. 때로는 디버깅이 어려운 에러 메시지가 발생할 수 있어 초기 사용자들이 이해하고 처리하는 데 어려움이 있습니다.

3-2. 텐서플로의 설치와 이용

앞서 케라스에서 설명한 것과 같은 방법으로 설치하여 이용합니다.

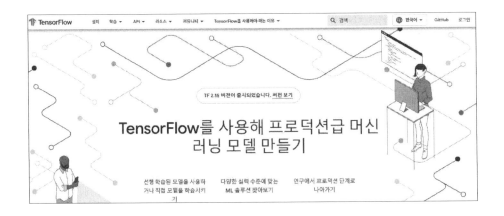

4 파이토치(PyTorch)

파이토치는 메타(구 페이스북(Facebook))에서 개발 및 관리하고 있는 딥러닝 및 기계학습을 위한 오픈소스 라이브러리입니다. 다양한 기능과 유연성을 제공하며, 특히 동적 그래프(Dynamic Computational Graph)와 쉬운 디버깅이 강점입니다. 토치에 바탕을 두고 만들어졌으며, 코드 자체가 파이썬과 유사해 초보자들도 쉽게 시작할 수 있습니다.

4-1. 파이토치의 특징

동적 그래프(Dynamic Computational Graph):

파이토치는 동적 그래프를 사용하여 계산 그래프를 생성하고 실행합니다. 이 기능은 모델을 동적으로 정의하고 변경할 수 있도록 해 주며, 디버깅과 실험을 쉽게 합니다. 동적 그래프는 코드를 실행하면서 동적으로 계산 그래프를 구성하기 때문에 모델의 구조를 런 타임에 동적으로 변경할 수 있습니다. 코드가 실행되는 동안에 계산 그래프가 형성되어 코드를 읽고 이해하기가 상대적으로 더 쉽고, 디버깅과 실험에 유리합니다. 이와 같은 기능은 모델의 구조를 쉽게 변경할 수 있어서 프로토타이핑에 편리하고, 새로운 아이디어를 빠르게 시도할 수 있게 해 줍니다.

텐서(Tensor)와 연산 라이브러리:

텐서를 사용하여 다차원 배열을 다루고 있습니다. 텐서는 Numpy 배열과 유사하게 동작하며, GPU를 활용한 연산이 가능합니다.

자동 미분(Autograd):

자동 미분 기능을 제공하여 사용자가 정의한 함수의 기울기를 자동으로 계산할 수 있습니다. 이는 역전파와 같은 학습 알고리즘에서 중요한 역할을 합니다.

모듈화 및 재사용성:

파이토치는 모듈화된 딥러닝 모델을 쉽게 구축하고 재사용할 수 있도록 설계되었습니다. torch.nn 모듈은 신경망 레이어, 손실 함수 등을 제공하여 모델을 효과적으로 구성할 수 있도록 지원합니다.

파이토치는 torchvision, torchaudio 등 다양한 도메인 특화 라이브러리를 제공하고 있습니다. 그리고 여러 라이브러리와 호환성을 지원하여 다양한 라이브러리와의 통합 이용이 가능합니다. 이와 같은 특징으로 파이토치는 강력한 연구 도구로서 널리 사용되고 있으며, Facebook과 기타 기업에서 프로덕션 환경으로 활발하게 사용하고 있습니다.

4-2. 파이토치의 설치와 이용

파이토치는 아래와 같은 명령으로 설치합니다.

```
$ pip install torch
```

파이토치를 이용한 간단한 예제 프로그램으로 이용 방법을 이해할 수 있습니다. 선형회귀를 이용하는 모델을 정의하고 훈련하여 예측하는 예제입니다.

```
import torch
import torch.nn as nn
```

```python
import torch.optim as optim

# 데이터 생성
x_train = torch.tensor([[1.0], [2.0], [3.0]])
y_train = torch.tensor([[2.0], [4.0], [6.0]])

# 모델 정의
class LinearRegressionModel(nn.Module):
def __init__(self):
        super(LinearRegressionModel, self).__init__()
        self.linear = nn.Linear(1, 1)

def forward(self, x):
        return self.linear(x)

model = LinearRegressionModel()

# 손실 함수 및 최적화 함수 정의
criterion = nn.MSELoss()
optimizer = optim.SGD(model.parameters(), lr=0.01)

# 모델 훈련
epochs = 1000
for epoch in range(epochs):
        # Forward pass
        y_pred = model(x_train)

        # 손실 계산
```

```python
    loss = criterion(y_pred, y_train)

    # 역전파 및 가중치 업데이트
    optimizer.zero_grad()
    loss.backward()
    optimizer.step()

    if (epoch + 1) % 100 == 0:
            print(f'Epoch [{epoch + 1}/{epochs}], Loss: {loss.item():.4f}')

# 테스트
x_test = torch.tensor([[4.0]])
y_pred = model(x_test)
print(f'Prediction after training: {y_pred.item():.4f}')
```

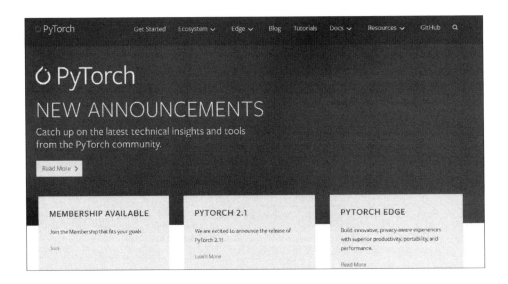

1. 인공지능 성능 평가 자료

- **Precision / 정밀도**
  1. 모든 검출 결과 중 옳게 검출한 비율
  2. TP / TP + FP
  3. TP / All Detection
  4. 5개를 검출했는 데, 4개가 옳게 검출 = 4/5 = 0.8
  5. FP를 낮추는 데 초점

- **Recall / 재현율**
  1. 마땅히 검출해내야 하는 물체들 중에서 제대로 검출된 것의 비율
  2. TP / TP + FN
  3. TP / all ground truths
  4. 검출되어야 할 것 10개 중에 4개가 옳게 검출되었다면, 4/10 = 0.4
  5. FN을 낮추는 데 초점

- **F1 스코어**
  1. Precision과 Recall의 조화 평균
  2. F1 = 2/(1/precision + 1/recall)
  3. 0 ~ 1 : 높을 수록 좋음

- **Accuracy / 정확도**
  1. True를 True로, False를 False로 정확히 예측한 비율
  2. Accuracy = (TP + TN) / (TP + FN + FP + TN)
  3. 0 ~ 1 : 높을 수록 좋음

분류 결과		실제 정답	
		True	False
	True	True Positive	False Positive
	False	False Negative	True Negative

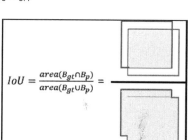

$$IoU = \frac{area(B_{gt} \cap B_p)}{area(B_{gt} \cup B_p)} =$$

2. 참조한 자료

- 위키피디아: https://ko.wikipedia.org/wiki

- NVIDIA: https://www.nvidia.com/ko-kr/

- chatGPT 3.5: https://chat.openai.com/

- 미디엄: https//medium.com/

- 플레이그라운드: https://playground.tensorflow.org

- 위키독스: https://wikidocs.net

- 깃허브: https://github.com

- 케라스: https://keras.io/examples

- 사이킷런: https://scikit-learn.org

- 텐서플로: https://www.tensorflow.org

- 파이토치: https://pytorch.kr/

- 스파이시: https://spacy.io/models/ko

- https://www.aitimes.com/